X-MAS-19
Home is where my heart is

DRIVING HOME FOR CHRISTMAS

Rezepte & Geschichten
für die schönste
Zeit im Jahr

Fotografie

LISA NIESCHLAG

Rezeptentwicklung

CHRISTIN GEWEKE

Hölker Verlag

WEIHNACHTSBÄCKEREI

ZUM ADVENTSKAFFEE

AUF DEM WEIHNACHTSMARKT

FLAMMBROT, CRÊPES & GLÜHWEIN

GEMEINSAM GENIEßEN

REZEPTE FÜR DIE FESTTAGE

Für die schönste Zeit im Jahr!

Inhalt

ZWISCHEN DEN JAHREN

LEICHT & LECKER

SCHWUNGVOLL INS NEUE JAHR

KLASSIKER & COCKTAILS FÜR SILVESTER

GESCHICHTEN

At Christmas all roads lead home.

Weihnachten, Kindheit, Zuhause ... das alles scheint an vielen Wochen des Jahres sehr weit weg. Doch wenn die ersten Blätter sich färben, wir wieder Socken in den Schuhen tragen und die letzten Freibäder schließen, kommt sie wieder, die Ahnung von langen Abenden bei Kerzenschein. Die Sehnsucht nach der großen Geborgenheit kehrt zurück, nach festlicher Stimmung, nach dem Christbaum, nach zu Hause.

Und wenn uns Plätzchenduft in die Nase steigt und warme Decken zum Kuscheln einladen, kommen auch die Erinnerungen zurück: an selbst gemachte Backwerke und große Naschlust, an lange Wunschzettel und an den sehnsüchtigen Blick in den Himmel: Wann kommt er endlich, der erste Schnee?

Und darum machen wir uns alle Jahre wieder bereit, grübeln über die schönsten Geschenke nach, kündigen uns bei Freunden und Familie an, lassen unser hektisches Leben zurück und packen die Koffer. Und wenn wir kurz vor den Feiertagen die Wohnung abschließen und losfahren, ist die Vorfreude plötzlich riesengroß. Über verschneite Straßen machen wir uns auf den Weg nach Hause, wo alle, die wir lieben, schon auf uns warten.

Dann ist es so weit! Die Tür öffnet sich, und die schönsten Tage des Jahres beginnen! Es schmeckt herrlich wie früher, es duftet köstlich, jetzt wollen wir nirgendwo sonst auf der Welt sein. Bei leckerem Gebäck wird am Kamin erzählt, Freunde treffen sich zum Glühwein auf dem Weihnachtsmarkt, an den Feiertagen schlemmen wir festlich. Gemeinsam genießen wir diese magische Zeit, in der das alte Jahr endet und der Zauber des neuen schon spürbar ist. Wir kommen endlich zur Ruhe, fühlen uns rundum geborgen und schmieden die ersten Pläne für das neue Jahr.

Mit diesem Buch feiern wir das Nachhausekommen im Herzen – ganz egal, wo ihr Weihnachten verbringt.

Eine frohe Weihnachtszeit

wünschen Lisa & Lars

Der allererste Weihnachtsbaum

Hermann Löns

Der Weihnachtsmann ging durch den Wald. Er war ärgerlich. Sein weißer Spitz, der sonst immer lustig bellend vor ihm herlief, merkte das und schlich hinter seinem Herrn mit eingezogener Rute her.
Er hatte nämlich nicht mehr die rechte Freude an seiner Tätigkeit. Es war alle Jahre dasselbe. Es war kein Schwung in der Sache. Spielzeug und Esswaren, das war auf die Dauer nichts. Die Kinder freuten sich wohl darüber, aber quieken sollten sie und jubeln und singen, so wollte er es, das taten sie aber nur selten.
Den ganzen Dezembermonat hatte der Weihnachtsmann schon darüber nachgegrübelt, was er wohl Neues erfinden könne, um einmal wieder eine rechte Weihnachtsfreude in die Kinderwelt zu bringen, eine Weihnachtsfreude, an der auch die Großen teilnehmen würden. Kostbarkeiten durften es auch nicht sein, denn er hatte soundsoviel auszugeben und mehr nicht.
So stapfte er denn auch durch den verschneiten Wald, bis er auf dem Kreuzweg war. Dort wollte er das Christkindchen treffen. Mit dem beriet er sich nämlich immer über die Verteilung der Gaben.
Schon von Weitem sah er, dass das Christkindchen da war, denn ein heller Schein war dort. Das Christkindchen hatte ein langes weißes Pelzkleidchen an und lachte über das ganze Gesicht. Denn um es herum lagen große Bündel Kleeheu und Bohnenstiegen und Espen- und Weidenzweige, und daran taten sich die hungrigen Hirsche und Rehe und Hasen gütlich. Sogar für die Sauen gab es etwas: Kastanien, Eicheln und Rüben.
Der Weihnachtsmann nahm seinen Wolkenschieber ab und bot dem Christkindchen die Tageszeit. »Na, Alterchen, wie geht's?«, fragte das Christkind. »Hast wohl schlechte Laune?« Damit hakte es den Alten unter und ging mit ihm. Hinter ihnen trabte der kleine Spitz, aber er sah gar nicht mehr betrübt aus und hielt seinen Schwanz kühn in die Luft.
»Ja«, sagte der Weihnachtsmann, »die ganze Sache macht mir so recht keinen Spaß mehr. Liegt es am Alter oder an sonst was, ich weiß nicht. Das mit den Pfefferkuchen und den Äpfeln und Nüssen, das ist nichts mehr. Das essen sie auf, und dann ist das Fest vorbei. Man müsste etwas Neues erfinden, etwas, das nicht zum Essen und nicht zum Spielen ist, aber wobei Alt und Jung singt und lacht und fröhlich wird.«
Das Christkindchen nickte und machte ein nachdenkliches Gesicht; dann sagte es: »Da hast du recht, Alter, mir ist das auch schon aufgefallen.

Ich habe daran auch schon gedacht, aber das ist nicht so leicht.«

»Das ist es ja gerade«, knurrte der Weihnachtsmann, »ich bin zu alt und zu dumm dazu. Ich habe schon richtiges Kopfweh vom vielen Nachdenken und es fällt mir doch nichts Vernünftiges ein. Wenn es so weitergeht, schläft allmählich die ganze Sache ein und es wird ein Fest wie alle anderen, von dem die Menschen dann weiter nichts haben als Faulenzen, Essen und Trinken.«

Nachdenklich gingen beide durch den weißen Winterwald, der Weihnachtsmann mit brummigem, das Christkindchen mit nachdenklichem Gesicht. Es war so still im Wald, kein Zweig rührte sich, nur wenn die Eule sich auf einen Ast setzte, fiel ein Stück Schneebehang mit halblautem Ton herab. So kamen die beiden, den Spitz hinter sich, aus dem hohen Holz auf einen alten Kahlschlag, auf dem große und kleine Tannen standen. Das sah wunderschön aus. Der Mond schien hell und klar, alle Sterne leuchteten, der Schnee sah aus wie Silber, und die Tannen standen darin, schwarz und weiß, dass es eine Pracht war. Eine fünf Fuß hohe Tanne, die allein im Vordergrund stand, sah besonders reizend aus. Sie war regelmäßig gewachsen, hatte auf jedem Zweig einen Schneestreifen, an den Zweigspitzen kleine Eiszapfen und glitzerte und flimmerte nur so im Mondenschein.

Das Christkindchen ließ den Arm des Weihnachtsmannes los, stieß den Alten an, zeigte auf die Tanne und sagte: »Ist das nicht wunderhübsch?« »Ja«, sagte der Alte, »aber was hilft mir das?«

»Gib ein paar Äpfel her«, sagte das Christkindchen, »ich habe einen Gedanken.« Der Weihnachtsmann machte ein dummes Gesicht, denn er konnte es sich nicht recht vorstellen, dass das Christkind bei der Kälte Appetit auf die eiskalten Äpfel hatte. Er hatte zwar noch einen guten alten Schnaps, aber den mochte er dem Christkindchen nicht anbieten.

Er machte sein Tragband ab, stellte seine riesige Kiepe in den Schnee, kramte darin herum und langte ein paar recht schöne Äpfel heraus. Dann fasste er in die Tasche, holte sein Messer heraus, wetzte es an einem Buchenstamm und reichte es dem Christkindchen.

»Sieh, wie schlau du bist«, sagte das Christkindchen. »Nun schneid mal etwas Bindfaden in zwei Finger lange Stücke und mach mir kleine Pflöckchen.« Dem Alten kam das alles etwas ulkig vor, aber er sagte nichts und tat, was das Christkind ihm sagte. Als er die Bindfadenenden und die Pflöckchen fertig hatte, nahm das Christkind einen Apfel, steckte ein Pflöckchen hinein, band den Faden daran und hängte den an einen Ast.

»So«, sagte es dann, »nun müssen auch an die anderen welche und dabei kannst du helfen, aber vorsichtig, dass kein Schnee abfällt!«
Der Alte half, obgleich er nicht wusste, warum. Aber es machte ihm schließlich Spaß, und als die ganze kleine Tanne voll von rotbäckigen Äpfeln hing, da trat er fünf Schritte zurück, lachte und sagte: »Kiek, wie niedlich das aussieht! Aber was hat das alles für'n Zweck?«
»Braucht denn alles gleich einen Zweck zu haben?«, lachte das Christkind. »Pass auf, das wird noch schöner. Nun gib mal Nüsse her!«
Der Alte krabbelte aus seiner Kiepe Walnüsse heraus und gab sie dem Christkindchen. Das steckte in jedes ein Hölzchen, machte einen Faden daran, rieb immer eine Nuss an der goldenen Oberseite seiner Flügel, dann war die Nuss golden, und die nächste an der silbernen Unterseite seiner Flügel, dann hatte es eine silberne Nuss, und hängte sie zwischen die Äpfel.
»Was sagst du nun, Alterchen?«, fragte es dann. »Ist das nicht allerliebst?«
»Ja«, sagte der, »aber ich weiß immer noch nicht ...«
»Komm schon!«, lachte das Christkindchen. »Hast du Lichter?«
»Lichter nicht«, meinte der Weihnachtsmann, »aber 'nen Wachsstock!«
»Das ist fein«, sagte das Christkind, nahm den Wachsstock, zerschnitt ihn und drehte erst ein Stück um den Mitteltrieb des Bäumchens und die anderen Stücke um die Zweigenden, bog sie hübsch gerade und sagte dann: »Feuerzeug hast du doch?«
»Gewiss«, sagte der Alte, holte Stein, Stahl und Schwammdose heraus, pinkte Feuer aus dem Stein, ließ den Zunder in der Schwammdose zum Glimmen kommen und steckte daran ein paar Schwefelspäne an. Die gab er dem Christkindchen. Das nahm einen hell brennenden Schwefelspan und steckte damit erst das oberste Licht an, dann das nächste davon rechts, dann das gegenüberliegende. Und rund um das Bäumchen gehend, brachte es so ein Licht nach dem andern zum Brennen.
Da stand nun das Bäumchen im Schnee; aus seinem halb verschneiten, dunklen Gezweig sahen die roten Backen der Äpfel, die Gold- und Silbernüsse blitzten und funkelten und die gelben Wachskerzen brannten feierlich. Das Christkindchen lachte über das ganze rosige Gesicht und patschte in die Hände, der alte Weihnachtsmann sah gar nicht mehr so brummig aus und der kleine Spitz sprang hin und her und bellte.
Als die Lichter ein wenig heruntergebrannt waren, wehte das Christkindchen mit seinen goldsilbernen Flügeln und da gingen die Lichter aus. Es sagte dem Weihnachtsmann, er solle das Bäumchen vorsichtig absägen. Das tat der und dann gingen beide den Berg hinab und nahmen das bunte Bäumchen mit.
Als sie in den Ort kamen, schlief schon alles. Beim kleinsten Hause machten die beiden halt. Das Christkindchen machte leise die Tür auf und trat ein; der Weihnachtsmann ging

hinterher. In der Stube stand ein dreibeiniger Schemel mit einer durchlochten Platte. Den stellten sie auf den Tisch und steckten den Baum hinein. Der Weihnachtsmann legte dann noch allerlei schöne Dinge, Spielzeug, Kuchen, Äpfel und Nüsse unter den Baum, und dann verließen beide das Haus so leise, wie sie es betreten hatten.

Als der Mann, dem das Häuschen gehörte, am andern Morgen erwachte und den bunten Baum sah, da staunte er und wusste nicht, was er dazu sagen sollte. Als er aber an dem Türpfosten, den des Christkinds Flügel gestreift hatte, Gold- und Silberflimmer hängen sah, da wusste er Bescheid. Er steckte die Lichter an dem Bäumchen an und weckte Frau und Kinder. Das war eine Freude in dem kleinen Haus wie an keinem Weihnachtstag. Keines von den Kindern sah nach dem Spielzeug, nach dem Kuchen und den Äpfeln, sie sahen nur alle nach dem Lichterbaum. Sie fassten sich an den Händen, tanzten um den Baum und sangen alle Weihnachtslieder, die sie wussten, und selbst das Kleinste, das noch auf dem Arm getragen wurde, krähte, was es krähen konnte.

Als es helllichter Tag geworden war, da kamen die Freunde und Verwandten des Mannes, sahen sich das Bäumchen an, freuten sich darüber und gingen gleich in den Wald, um sich für ihre Kinder auch ein Weihnachtsbäumchen zu holen. Die anderen Leute, die das sahen, machten es nach, jeder holte sich einen Tannenbaum und putzte ihn an, der eine so, der andere so, aber Lichter, Äpfel und Nüsse hängten sie alle daran.

Als es dann Abend wurde, brannte im ganzen Dorf Haus bei Haus ein Weihnachtsbaum, überall hörte man Weihnachtslieder und das Jubeln und Lachen der Kinder.

Von da aus ist der Weihnachtsbaum über ganz Deutschland gewandert und von da über die ganze Erde. Weil aber der erste Weihnachtsbaum am Morgen brannte, so wird in manchen Gegenden den Kindern morgens beschert. ★

VORFREUDE

WEIHNACHTSBÄCKEREI

ZUM ADVENTSKAFFEE

Schoko-Engelsaugen mit Karamell

FÜR 1 BLECH (CA. 25 STÜCK)

FÜR DEN TEIG:
170 g Mehl plus ggf. etwas mehr
2 EL Kakaopulver
30 g gemahlene blanchierte Mandeln
50 g Zucker
1 Pck. Bourbon-Vanillezucker
½ TL Backpulver
1 Prise Zimt
100 g kalte Butter
1 Ei

FÜR DIE FÜLLUNG:
100 ml Sahne
1 EL Butter
50 g brauner Zucker
50 g weißer Zucker

AUßERDEM:
Fleur de Sel

Für den Teig Mehl, Kakao, Mandeln, Zucker, Vanillezucker, Backpulver und Zimt vermengen. Die Butter in kleine Stücke schneiden und mit der Mehlmischung krümelig reiben. Das Ei zufügen und alles zügig zu einem glatten Teig verkneten. Falls er zu klebrig ist, noch etwas Mehl einarbeiten. Den Teig zu einer Kugel formen, in Frischhaltefolie wickeln und mind. 45 Minuten kalt stellen.

Vom Teig walnussgroße Stücke (à 15–18 g) abnehmen und rund formen. Auf einem großen Tablett verteilen und in jede Kugel mithilfe eines Kochlöffelstiels eine Mulde drücken. Die Teigkugeln erneut für 20 Minuten kalt stellen.

Inzwischen für die Füllung 50 ml Sahne mit ½ Esslöffel Butter und jeweils 25 g braunem und weißem Zucker in einem kleinen Topf aufkochen. Hitze reduzieren und die Mischung unter gelegentlichem Rühren ca. 6 Minuten köcheln lassen, bis die Karamellmasse zähflüssig wird. Sie sollte auf keinen Fall zu stark eindicken, dann lässt sie sich nicht mehr verarbeiten.

Den Ofen auf 180 °C vorheizen, ein Blech mit Backpapier auslegen. Die Kugeln mit etwas Abstand zueinander auf dem Blech verteilen und mit der noch heißen Karamellmasse mithilfe eines schmalen Teelöffels füllen. Dabei zügig vorgehen, bevor die Karamellmasse abkühlt und aushärtet. Die Engelsaugen im heißen Ofen 10–13 Minuten backen. Anschließend auf einem Gitter abkühlen lassen.

Inzwischen die restlichen Zutaten für die Füllung aufkochen und erneut ca. 6 Minuten unter gelegentlichem Rühren köcheln lassen, bis die Mischung leicht eindickt. Die eingesunkenen Mulden der Engelsaugen mit der restlichen Karamellmasse auffüllen und sofort mit Fleur de Sel bestreuen. Trocknen lassen.

Bananen-Walnuss-Kekse

Den Backofen auf 180 °C vorheizen, zwei Bleche mit Backpapier auslegen. Walnüsse und Schokolade fein hacken. Die Bananen schälen und grob klein schneiden.

Butter, Zucker und Vanillezucker schaumig schlagen, dann das Ei unterrühren, bis eine etwas hellere, cremige Masse entsteht. Die Bananen fein pürieren und mit Zitronensaft und Backpulver untermischen.

Mehl mit Salz, Zimt, Nelken und Muskat vermengen und kurz unter die Bananenmasse rühren, bis ein glatter Teig entstanden ist. Nicht zu lange mixen! Walnüsse und Schokolade unterheben. Den Teig mithilfe eines Esslöffels als kleine Häufchen (max. ⌀ 4 cm) auf den Blechen verteilen und rund formen. Die Kekse laufen beim Backen etwas auseinander, daher genügend Abstand lassen. Die Kekse in 14–18 Minuten goldbraun backen. Sie erscheinen dann noch etwas weich, härten aber beim Auskühlen noch nach.

FÜR 22–24 STÜCK

75 g Walnusskerne
75 g Vollmilchschokolade (alternativ Chocolate Chunks)
2 große reife Bananen (ca. 370 g, mit Schale gewogen)
100 g weiche Butter
175 g brauner Zucker
1 Pck. Bourbon-Vanillezucker
1 Ei (Größe L)
2 TL Zitronensaft
1 ½ TL Backpulver
200 g Mehl
1 Prise Salz
½ TL Zimt
¼ TL gemahlene Nelken
1 Prise frisch geriebene Muskatnuss

Ingwer-Lebkuchen-Herzen

FÜR 2 BLECHE

100 g kandierter Ingwer
225 g Mehl
50 g gemahlene blanchierte Mandeln
1 TL Backpulver
100 g Zucker
1 TL Lebkuchengewürz
1 Prise Salz
125 g kalte Butter
1 Ei

AUẞERDEM:

Mehl für die Arbeitsfläche
1 Eigelb

Den Ingwer sehr fein hacken, die Hälfte für die Garnitur beiseitelegen. Mehl, Mandeln, Backpulver, Zucker, Lebkuchengewürz, Salz und 50 g gehackten Ingwer mischen. Die Butter in Stücke schneiden und mit der Mehlmischung krümelig reiben. Dann das Ei zugeben und alles zu einem glatten Teig verkneten. Den Teig zu einer Kugel formen, in Frischhaltefolie wickeln und 1 Stunde kalt stellen.

Den Ofen auf 190 °C vorheizen und zwei Bleche mit Backpapier auslegen. Den Teig portionsweise auf der leicht bemehlten Arbeitsfläche 4 mm dick ausrollen. Daraus Herzen ausstechen und diese mit etwas Abstand auf den Blechen verteilen. Teigreste erneut zusammenkneten, ausrollen und weitere Herzen ausstechen.

Das Eigelb mit 1 Esslöffel Wasser verrühren und die Herzen damit dünn bepinseln. Den restlichen fein gehackten Ingwer aufstreuen. Die Bleche nacheinander für 10–12 Minuten in den Ofen schieben, bis die Kekse goldgelb sind. Beim Auskühlen härten sie noch etwas nach.

LET IT
Snow

DANKE
FROHES FEST

Pinienkern-Orangen-Kipferl

FÜR 16–20 STÜCK

50 g Pinienkerne
175 g Mehl plus ggf. etwas mehr
50 g Zucker
1 Pck. Bourbon-Vanillezucker
¼ TL Backpulver
¼ TL Zimt
1 Prise Salz
100 g weiche Butter
1 Ei
1 EL Orangensaft

AUẞERDEM:
Mehl für die Arbeitsfläche
70 g feiner Zucker
2 TL Bio-Orangenabrieb
70 g Puderzucker
2 EL Orangensaft

Die Pinienkerne sehr fein mahlen. Mehl, Pinienkerne, Zucker, Vanillezucker, Backpulver, Zimt und Salz in einer Schüssel vermengen. Butter, Ei und Orangensaft zugeben und alles zu einem glatten, weichen Teig verkneten. Ist der Teig zu klebrig, noch etwas Mehl einarbeiten. Den Teig zu einer Kugel formen, in Frischhaltefolie wickeln und mind. 45 Minuten kalt stellen.

Den Backofen auf 200 °C vorheizen und ein Blech mit Backpapier auslegen. Aus dem Teig knapp walnussgroße Stücke entnehmen und diese auf der leicht bemehlten Arbeitsfläche zunächst zu Kugeln, dann zu dünnen Kipferln formen. Die Kipferl auf dem Backblech verteilen und in ca. 10 Minuten goldgelb backen. Auf einem Kuchengitter auskühlen lassen, dabei härten sie noch nach.

Zucker mit Orangenabrieb mischen und beiseitestellen. Puderzucker mit Orangensaft zu einer Glasur verrühren und die Oberseiten der ausgekühlten Kipferl damit bepinseln, dann sofort vorsichtig im Orangenzucker wälzen und trocknen lassen.

Rosa Pfeffernüsse

FÜR CA. 16 STÜCK

125 g Mehl plus ggf. etwas mehr
¼ TL Backpulver
1 Prise Salz
1 TL Zimt
½ TL Ingwerpulver
½ TL gemahlener Kardamom
1 Prise frisch gemahlener weißer Pfeffer
55 g weiche Butter
40 g Zucker
1 Pck. Bourbon-Vanillezucker
1 Eigelb
2 EL Sahne plus ggf. etwas mehr

AUßERDEM:

75 g Puderzucker
ca. 1 EL Rote-Bete-Saft
1 EL rosa Pfefferkörner

Den Backofen auf 200 °C vorheizen, ein Blech mit Backpapier auslegen. Mehl mit Backpulver, Salz und Gewürzen vermengen. Butter, Zucker und Vanillezucker schaumig schlagen. Das Eigelb und die Sahne unterrühren, bis die Masse etwas heller und schön cremig ist. Dann die Mehlmischung kurz untermischen und alles rasch mit den Händen verkneten, bis ein homogener Teig entstanden ist. Ist der Teig zu trocken, noch etwas Sahne einarbeiten. Ist er zu klebrig, noch etwas Mehl zufügen.

Den Teig in zwei Portionen teilen und diese jeweils zu 2 cm dicken Rollen formen. Jede Rolle in 1,5 cm dicke Stücke schneiden, die Stücke zu Kugeln rollen und auf dem Blech verteilen. Die Kekse in ca. 10 Minuten goldbraun backen. Anschließend auf einem Gitter auskühlen lassen, dabei härten die Pfeffernüsse noch nach.

Inzwischen Puderzucker und Rote-Bete-Saft zu einem rosafarbenen Guss verrühren. Den rosa Pfeffer in einem Mörser zerstoßen. Die fertigen Pfeffernüsse mithilfe eines Teelöffels mit dem Guss beträufeln und mit etwas rosa Pfeffer bestreuen. Trocknen lassen.

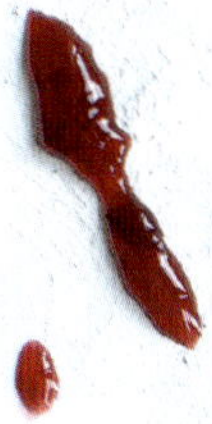

Gefüllte Mohnplätzchen mit Kirschen

Mehl mit Mandeln, Zucker, Vanillezucker, Mohn, Salz und Zitronenabrieb vermengen. Die Butter in kleine Stücke schneiden und mit der Mehlmischung krümelig reiben. Dann die Eier zufügen und alles zu einem glatten, weichen Teig verkneten. Ist der Teig zu klebrig, noch etwas Mehl einarbeiten. Den Teig zu einer Kugel formen, in Frischhaltefolie wickeln und 45 Minuten kalt stellen.

Den Backofen auf 190 °C vorheizen, zwei Bleche mit Backpapier auslegen. Den Teig auf der leicht bemehlten Arbeitsfläche portionsweise 3 mm dick ausrollen und daraus nach Belieben Tannenbäume oder Sterne ausstechen.

Die Kekse auf den Blechen verteilen und diese nacheinander für 10–12 Minuten in den heißen Ofen schieben, bis die Kekse goldgelb sind. Anschließend die Hälfte nach Belieben mit Puderzucker bestäuben. Beim Auskühlen härten sie noch etwas nach.

Die Kirschkonfitüre in einen kleinen Topf geben, verrühren und kurz aufkochen. Dann vollständig abkühlen lassen. Jeweils einen Klecks Konfitüre auf einen Keks geben und einen zweiten, ggf. mit Puderzucker bestäubten, obenauf setzen. Die Plätzchen trocknen lassen.

FÜR CA. 30 STÜCK

200 g Mehl plus ggf. etwas mehr
75 g gemahlene blanchierte Mandeln
100 g Zucker
2 Pck. Bourbon-Vanillezucker
100 g gemahlene Mohnsamen
1 Prise Salz
Abrieb von ½ Bio-Zitrone
100 g kalte Butter
2 Eier

AUẞERDEM:

Mehl für die Arbeitsfläche
Puderzucker zum Bestäuben nach Belieben
200 g Kirschkonfitüre (ohne Stücke)

Weihnachtskranz

FÜR 1 HEFEKRANZ

FÜR DEN TEIG:
500 g Mehl
85 g Zucker
1 Pck. Bourbon-Vanillezucker
¼ TL Salz
20 g Hefe
200 ml lauwarme Milch
85 g weiche Butter
1 Ei

FÜR DIE FÜLLUNG:
100 g Pistazienkerne
100 g blanchierte Mandeln
80 g ungesalzene Cashewkerne
200 g Orangenmarmelade (alternativ Aprikosenkonfitüre)
1–2 EL brauner Zucker nach Belieben
40 g Orangeat
1 TL Zimt

AUßERDEM:
Mehl für die Arbeitsfläche
100 g Orangenmarmelade (alternativ Aprikosenkonfitüre)
Puderzucker zum Bestäuben nach Belieben

Für den Teig Mehl, Zucker, Vanillezucker und Salz in einer Schüssel vermengen. Die Hefe in die lauwarme Milch bröseln und zur Mehlmischung geben. Butter und Ei zufügen und alles mind. 5 Minuten zu einem geschmeidigen, weichen Teig verkneten. Die Schüssel mit Frischhaltefolie abdecken und den Teig 2 Stunden gehen lassen.

Für die Füllung Pistazien, Mandeln und Cashewkerne im Blitzhacker fein zerkleinern. Die Mischung mit Orangenmarmelade und Zucker nach Belieben (je nachdem, wie süß bzw. bitter die Marmelade schmeckt) verrühren. Das Orangeat sehr fein hacken und mit dem Zimt untermischen.

Den Teig auf der bemehlten Arbeitsfläche kurz durchkneten, dann zu einem 4 mm dünnen Rechteck (ca. 30 x 55 cm) ausrollen. Die Nussmischung als breiten Streifen gleichmäßig auf dem Teig verstreichen, dabei am oberen und unteren langen Ende einen Rand lassen. Den Teig dann von unten von der Längsseite her eng aufrollen. Ein Blech mit Backpapier auslegen. Die Teigrolle vorsichtig längs halbieren, aber an einem Ende nicht ganz durchschneiden (mind. 3 cm stehen lassen). Beide Teigstränge miteinander verzwirbeln und auf dem Blech zu einem Kranz zusammenlegen. Die Enden gut festdrücken.

Den Kranz abgedeckt ca. 30 Minuten gehen lassen. Inzwischen den Ofen auf 180 °C vorheizen. Den Kranz ca. 35 Minuten backen, dabei nach ca. 20 Minuten mit Backpapier abdecken, damit er nicht zu stark bräunt, und auf die untere Schiene setzen. Die restliche Orangenmarmelade erwärmen.

Den Kranz aus dem Ofen nehmen und sofort mit der Marmelade bestreichen. Auskühlen lassen und nach Belieben mit Puderzucker bestäuben.

Biskuit-Maronencreme-Torte

Für den Biskuit den Backofen auf 180 °C vorheizen und eine Springform mit Backpapier auslegen, den Rand buttern. Eier, Zucker und Vanillezucker in ca. 5 Minuten dick-schaumig schlagen. Mehl, Backpulver und Kakao vermengen und zügig unterheben. Den Teig in die Springform füllen, glatt streichen und im heißen Ofen ca. 15 Minuten backen. Anschließend abkühlen lassen. Den Biskuit in den Portionsring legen.

Für die Maronencreme die Gelatine ein paar Minuten in kaltem Wasser einweichen. Inzwischen Frischkäse, Maronenpüree, Zucker und nach Belieben Rum verrühren. Gelatine ausdrücken und in einem kleinen Topf bei geringer Hitze unter Rühren schmelzen. 4 Esslöffel Maronenmasse einrühren, um die verschiedenen Temperaturen anzugleichen, dann die lauwarme Gelatinemischung zügig in die übrige kalte Maronenmasse rühren. Die Maronenmischung mind. 20 Minuten kalt stellen. Anschließend die Sahne mit dem Vanillezucker steif schlagen und in die gelierende Maronencreme rühren.

Den Biskuitboden dünn mit Konfitüre bestreichen, dann die Creme darauf verteilen und die Torte mind. 1 ½ Stunden kalt stellen.

Inzwischen die Schokolade in einem heißen Wasserbad schmelzen. Anschließend in eine Tüte füllen, eine Ecke abschneiden und kleine Tannenbäume auf einen Bogen Backpapier spritzen. Erkalten lassen.

Den Ring vorsichtig von der Torte lösen, dazu mit einem sehr dünnen, spitzen Messer langsam am Rand entlangfahren. Die Schokoladen-Tannenbäume vorsichtig an die Seiten der Torte drücken, dann diese servieren.

★ Maronenpüree gibt es fertig zu kaufen (in der Dose). Man kann es aber auch leicht selbst herstellen. Einfach 200 g gegarte (vakuumverpackte) Maronen mit ca. 100 ml Sahne oder Milch im Blitzhacker fein pürieren. Die Konsistenz sollte an Frischkäse erinnern. Ggf. mehr Sahne oder Milch untermixen.

FÜR 1 SPRINGFORM (∅ 18 CM)

FÜR DEN BISKUIT:
3 Eier
50 g Zucker
1 Pck. Bourbon-Vanillezucker
40 g Mehl
2 TL Backpulver
10 g Kakaopulver

FÜR DIE MARONENCREME:
3 Blätter Gelatine
200 g Doppelrahmfrischkäse
300 g Maronenpüree, naturell
50 g Zucker
1 EL brauner Rum nach Belieben
200 ml Sahne
2 Pck. Bourbon-Vanillezucker

AUßERDEM:
Butter für die Form
1 Portionsring (∅ 18 cm)
7 TL Erdbeerkonfitüre
100 g Vollmilchschokolade

Apfel-Marzipan-Tarte

FÜR 1 TARTEFORM (Ø 24 CM)

FÜR DEN TEIG:
225 g Mehl
50 g gemahlene blanchierte Mandeln
1 Prise Salz
50 g Puderzucker
150 g kalte Butter
1 Eigelb

FÜR DIE FÜLLUNG:
100 g Marzipanrohmasse
3 Eier
125 g Magerquark
100 g Crème fraîche
50 g Zucker
1 Pck. Bourbon-Vanillezucker
2 TL Bio-Zitronenabrieb
2–3 kleine rote Äpfel
2 TL Butter
2 EL Zitronensaft

FÜR DIE MARZIPANSTREUSEL:
30 g Marzipanrohmasse
25 g kalte Butter
50 g Mehl
1 EL Zucker
½ TL Zimt
1 Prise Salz

AUßERDEM:
Butter für die Form
Mehl für die Form und die Arbeitsfläche
Puderzucker zum Bestäuben

Für den Teig Mehl mit Mandeln, Salz und Puderzucker vermengen. Die Butter würfeln und mit der Mehlmischung krümelig reiben. Dann das Eigelb zufügen und alles rasch zu einem glatten, weichen Mürbeteig verkneten. Den Teig zu einer Kugel formen, in Frischhaltefolie wickeln und mind. 30 Minuten kalt stellen.

Währenddessen für die Füllung die Marzipanmasse fein reiben. Eier, Quark, Crème fraîche, Zucker, Vanillezucker, Marzipan und Zitronenabrieb glatt rühren. Die Äpfel waschen, trocken tupfen, vierteln, vom Kerngehäuse befreien und ungeschält in 4 mm dicke Spalten schneiden. Die Butter in einer Pfanne zerlassen und die Apfelspalten mit dem Zitronensaft ca. 5 Minuten dünsten. Abkühlen lassen.

Für die Streusel die Marzipanmasse fein reiben und die Butter in kleine Würfel schneiden. Mehl mit Zucker, Zimt und Salz mischen. Marzipan und Butter zufügen und mit den Fingern unterkneten, bis dicke Streusel entstehen.

Den Backofen auf 180 °C vorheizen. Die Tarteform buttern und mit Mehl ausstäuben. Den Teig auf der leicht bemehlten Arbeitsfläche zu einem 5 mm dicken Kreis ausrollen und die Tarteform damit komplett auskleiden. (Je nach Höhe der Form bleibt ggf. etwas Teig übrig.) Die Quarkmischung eingießen, sodass die Form bis ca. 5 mm unter dem Rand gefüllt ist. (Je nach Höhe der Form bleibt auch hier ggf. etwas Füllung übrig.) Die Apfelspalten fächerförmig von außen nach innen darauf verteilen. Gleichmäßig mit Streuseln bestreuen.

Die Tarte in ca. 40 Minuten auf der untersten Schiene goldbraun backen, evtl. nach der Hälfte der Zeit mit Alufolie abdecken, sollte die Oberfläche zu stark bräunen. Die Tarte anschließend komplett auskühlen lassen, erst dann aus der Form lösen, mit Puderzucker bestäuben und in Stücke schneiden.

AUF DEM WEIHNACHTSMARKT

FLAMMBROT, CRÊPES & GLÜHWEIN

DUFT

Flammbrot mit Speck und Zwiebeln

FÜR 4 KLEINE FLAMMBROTE

FÜR DEN TEIG:
280 g Mehl
10 g Hefe
150 ml lauwarmes Wasser
2 EL Olivenöl
½ TL Salz

FÜR DEN BELAG:
1 Knoblauchzehe
200 g Schmand
100 g Crème fraîche
¼ TL frisch geriebene Muskatnuss
Salz
frisch gemahlener schwarzer Pfeffer
1 große Zwiebel
100 g Speckwürfel
1 TL Thymian
1 TL Kümmel nach Belieben

AUSSERDEM:
Mehl für die Arbeitsfläche

Für den Teig das Mehl in eine Schüssel füllen und in der Mitte eine Mulde formen. Die Hefe zerbröseln und mit 50 ml lauwarmem Wasser verrühren, in die Mulde gießen und mit etwas Mehl vom Rand verrühren. Die Schüssel mit Frischhaltefolie abdecken und den Vorteig ca. 20 Minuten bei Zimmertemperatur gehen lassen. Anschließend 100 ml lauwarmes Wasser, Öl und Salz zum Teig geben und alles 6 Minuten kräftig verkneten. Den Teig zu einer Kugel formen, zurück in die Schüssel legen, diese erneut abdecken und den Teig weitere 1 ½ Stunden bei Zimmertemperatur gehen lassen.

Für den Belag den Knoblauch schälen und durch die Presse drücken. Schmand mit Crème fraîche, Knoblauch und Muskat verrühren und mit Salz und Pfeffer würzen. Die Creme bis zur Verwendung abgedeckt kalt stellen. Die Zwiebel schälen, halbieren und in feine Ringe schneiden.

Den Backofen auf 220 °C vorheizen, ein Blech mit Backpapier auslegen. Den Teig auf der bemehlten Arbeitsfläche in vier gleich große Portionen teilen und jeweils zu 7 mm dicken Kreisen mit ca. 15 cm Durchmesser oder ovalen Fladen ausrollen. Die Flammbrote mit etwas Abstand zueinander auf das Blech legen und gleichmäßig mit der Schmandcreme bestreichen, dabei rundherum einen 2 cm breiten Rand aussparen. Dann die Brote mit Zwiebelringen und Speck belegen und mit Thymian sowie nach Belieben mit Kümmel bestreuen. Das Blech in den Ofen schieben und die Flammbrote in ca. 20 Minuten goldbraun und knusprig backen.

Kartoffelpuffer mit Mangokompott

FÜR 4 PORTIONEN (CA. 12 PUFFER)

FÜR DAS KOMPOTT:
2 kleine Mangos (à 400 g)
1 Apfel
Saft von 1 kleinen Zitrone
1 EL Weißweinessig
1 ½ EL Zucker
1 Pck. Bourbon-Vanillezucker
Chiliflocken nach Belieben

FÜR DIE KARTOFFELPUFFER:
1 Schalotte
1 kg vorwiegend festkochende Kartoffeln (am besten große)
1 Ei
1 ½ EL Mehl
Salz
frisch gemahlener schwarzer Pfeffer
frisch geriebene Muskatnuss

AUßERDEM:
100 ml Rapsöl (alternativ Sonnenblumenöl)

Für das Kompott die Mangos schälen, das Fruchtfleisch vom Stein schneiden und fein würfeln. Den Apfel schälen, vierteln, vom Kerngehäuse befreien und ebenfalls fein würfeln. Sofort mit etwas Zitronensaft mischen. Den restlichen Zitronensaft mit Essig, Zucker und Vanillezucker in einem Topf erhitzen, bis sich der Zucker gelöst hat. Dann Mango- und Apfelwürfel zugeben und ca. 8 Minuten unter häufigem Rühren offen köcheln lassen. Anschließend 3 Esslöffel entnehmen und fein pürieren. Das Fruchtpüree wieder unter das Kompott rühren, alles nach Belieben mit Chiliflocken würzen und in eine Schüssel umfüllen. Abkühlen lassen und abgedeckt kalt stellen.

Für die Kartoffelpuffer die Schalotte schälen und fein reiben. Die Kartoffeln ebenfalls schälen, waschen und reiben. Die Kartoffelraspel in ein Geschirrtuch geben und fest ausdrücken. Dann in einer Schüssel mit Schalotte, Ei und Mehl verkneten und mit Salz, Pfeffer und Muskat würzen.

Den Backofen auf 80 °C vorheizen. 70 ml Öl in einer großen Pfanne erhitzen und die Puffer darin portionsweise (max. 3 auf einmal; pro Puffer ca. 1 ½ Esslöffel Kartoffelmasse zugeben) pro Seite 3 ½ Minuten bei mittlerer Hitze goldbraun backen. Anschließend auf Küchenpapier abtropfen lassen. Fertige Puffer im Ofen warm halten. Gegen Ende der Bratzeit das restliche Öl zugeben. Sobald alle Puffer ausgebacken sind, diese noch heiß mit dem Mangokompott servieren.

Rumpsteak im Brötchen mit Rotweinschalotten

FÜR 4 PORTIONEN

FÜR DIE ROTWEINSCHALOTTEN:
8 Schalotten
2 EL Zucker
500 ml Rotwein
Salz
frisch gemahlener schwarzer Pfeffer
1 EL kalte Butter

AUẞERDEM:
3 EL Rapsöl
4 Rumpsteaks (à ca. 200 g)
Salz
frisch gemahlener schwarzer Pfeffer
Blattsalat (z. B. Rucola, Endiviensalat)
4 Weizenbrötchen
4 EL mittelscharfer Senf

Für die Rotweinschalotten die Schalotten schälen und grob klein schneiden. Zucker in einem kleinen Topf karamellisieren lassen, die Schalotten zufügen und alles durchmischen. Mit Rotwein ablöschen und ca. 10 Minuten bei geringer Hitze köcheln lassen, bis der Rotwein etwas angedickt ist. Mit Salz und Pfeffer würzen. Zum Schluss die Butter unterrühren.

Das Öl in einer großen Pfanne erhitzen und die Steaks von jeder Seite 2–3 Minuten scharf anbraten. Mit Salz und Pfeffer würzen. Die fertigen Steaks in Alufolie wickeln und 10 Minuten ruhen lassen. Den Salat putzen und trocken schleudern. Die Brötchen halbieren und die Unterseite mit Senf bestreichen und mit etwas Blattsalat belegen. Die Steaks nach Belieben klein schneiden, auf den Salat geben und die Rotweinzwiebeln darüber verteilen. Die oberen Brötchenhälften obenauf setzen.

Die heilige Nacht

Selma Lagerlöf

Es war an einem Weihnachtstag, alle waren zur Kirche gefahren, außer Großmutter und mir. Ich glaube, wir beide waren im ganzen Haus allein. Wir hatten nicht mitfahren können, weil die eine zu jung und die andere zu alt war. Und alle beide waren wir betrübt, dass wir nicht zum Mettegesang fahren und die Weihnachtslichter sehen konnten. Aber wie wir so in unserer Einsamkeit saßen, fing Großmutter zu erzählen an.

»Es war einmal ein Mann«, sagte sie, »der in die dunkle Nacht hinausging, um sich Feuer zu leihen. Er ging von Haus zu Haus und klopfte an. ‚Ihr lieben Leute, helft mir!', sagte er. ‚Mein Weib hat eben ein Kindlein geboren, und ich muss Feuer anzünden, um es und den Kleinen zu erwärmen!' Aber es war tiefe Nacht, sodass alle Menschen schliefen, und niemand antwortete ihm. Der Mann ging und ging. Endlich erblickte er in weiter Ferne einen Feuerschein. Eine Menge weiße Schafe lagen rings um das Feuer und schliefen, und ein alter Hirt wachte über die Herde. Als der Mann, der Feuer leihen wollte, zu den Schafen kam, sah er, dass drei große Hunde zu Füßen des Hirten ruhten und schliefen. Sie erwachten alle drei bei seinem Kommen und sperrten ihre weiten Rachen auf, als ob sie bellen wollten, aber man vernahm keinen Laut. Der Mann sah, dass sich die Haare auf ihrem Rücken sträubten, er sah, wie ihre scharfen Zähne funkelnd weiß im Feuerschein leuchteten, und wie sie auf ihn losstürzten. Er fühlte, dass einer nach seinen Beinen schnappte und nach seiner Hand. Aber die Kinnladen und die Zähne, mit denen die Hunde beißen wollten, gehorchten ihnen nicht, und der Mann litt nicht den kleinsten Schaden. Nun wollte der Mann weitergehen, um das zu finden, was er brauchte. Aber die Schafe lagen so dicht nebeneinander, Rücken an Rücken, dass er nicht vorwärts kommen konnte. Da stieg der Mann auf die Rücken der Tiere und wanderte über sie hin dem Feuer zu. Und keins von den Tieren wachte auf oder regte sich.«

So weit hatte Großmutter ungestört erzählen können, aber nun konnte ich es nicht lassen, sie zu unterbrechen. »Warum regten sie sich nicht, Großmutter?«, fragte ich. »Das wirst du nach einem Weilchen schon erfahren«, sagte Großmutter und fuhr mit ihrer Geschichte fort.

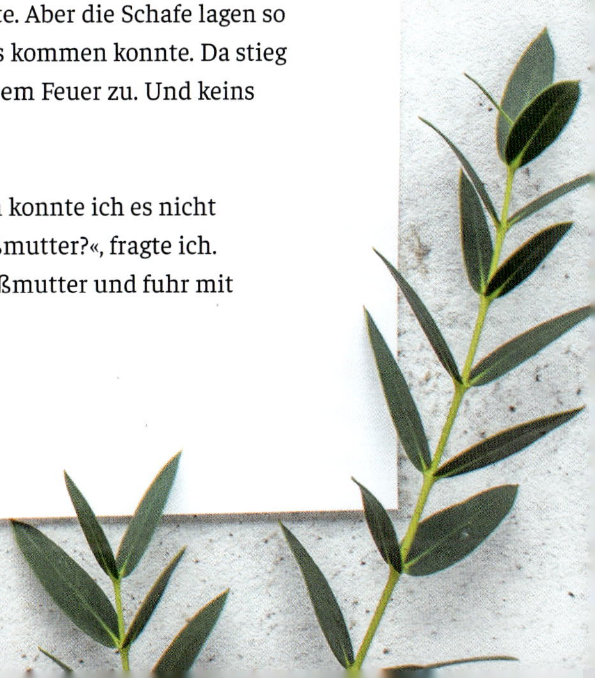

»Als der Mann fast beim Feuer angelangt war, sah der Hirte auf. Er war ein alter, mürrischer Mann, der unwirsch und hart gegen alle Menschen war. Nun kam der Mann zu dem Hirten und sagte zu ihm: ‚Guter Freund, hilf mir und leih mir ein wenig Feuer. Mein Weib hat eben ein Kindlein geboren, und ich muss Feuer machen, um es und den Kleinen zu erwärmen.‘ Der Hirte hätte am liebsten Nein gesagt, aber als er daran dachte, dass die Hunde dem Manne nicht hatten schaden können und dass die Schafe nicht vor ihm davongelaufen waren, da wurde ihm ein wenig bange, und er wagte es nicht, dem Fremden das abzuschlagen, was er begehrte. ‚Nimm, soviel du brauchst‘, sagte er zu dem Mann. Aber das Feuer war beinahe ausgebrannt. Es waren keine Scheite und Zweige mehr übrig, sondern nur ein großer Gluthaufen, und der Fremde hatte weder Schaufel noch Eimer, worin er die roten Kohlen hätte tragen können. Als der Hirte dies sah, sagte er abermals: ‚Nimm, soviel du brauchst!‘ Und er freute sich, dass der Mann kein Feuer wegtragen konnte. Aber der Mann beugte sich hinunter, holte die Kohlen mit bloßen Händen aus der Asche und legte sie in seinen Mantel. Und weder versengten die Kohlen seine Hände, als er sie berührte, noch versengten sie seinen Mantel.«

Aber hier wurde die Märchenerzählerin zum zweiten Mal unterbrochen.
»Großmutter, warum wollte die Kohle den Mann nicht brennen?«
»Das wirst du schon hören«, sagte Großmutter, und dann erzählte sie weiter.

»Als dieser Hirte, der ein so böser, mürrischer Mann war, dies alles sah, begann er sich zu wundern: Was kann dies für eine Nacht sein, wo die Hunde nicht beißen, die Schafe nicht erschrecken und das Feuer nicht brennt? Er rief den Fremden zurück und sagte zu ihm: ‚Was ist dies für eine Nacht? Und woher kommt es, dass alle Dinge dir Barmherzigkeit zeigen?‘ Da sagte der Mann: ‚Ich kann es dir nicht sagen, wenn du selber es nicht siehst.‘ Und er wollte seiner Wege gehen, um bald ein Feuer anzünden und Weib und Kind wärmen zu können.
Aber da dachte der Hirte, er wolle den Mann nicht aus den Augen lassen, bevor er erfahren hätte, was dies alles bedeute. Er stand auf und ging ihm nach, bis er dorthin kam, wo der Fremde daheim war. Da sah der Hirte, dass der Mann nicht einmal eine Hütte hatte, um darin zu wohnen, sondern er hatte sein Weib und sein Kind in einer Berggrotte liegen, wo es nichts gab als nackte, kalte Steinwände.
Obwohl der Hirte ein harter Mann war, erschrak er bei dem Gedanken, dass das arme unschuldige Kindlein dort in der Grotte vielleicht erfrieren würde, und er beschloss, dem Kinde zu helfen. Er löste sein Ränzel von der Schulter und nahm daraus ein weiches, weißes Schaffell hervor. Das gab er dem fremden Mann und sagte, er möge das Kind darauf betten.

Aber in demselben Augenblick, in dem er zeigte, dass auch er barmherzig sein konnte, wurden ihm die Augen geöffnet, und er sah, was er vorher nicht hatte sehen, und hörte, was er vorher nicht hatte hören können. Er sah, dass rund um ihn ein dichter Kreis von kleinen, silberbeflügelten Englein stand. Und jedes von ihnen hielt ein Saitenspiel in der Hand und alle sangen sie mit lauter Stimme, dass in dieser Nacht der Heiland geboren wäre, der die Welt von ihren Sünden erlösen solle.
Da begriff er, warum in dieser Nacht alle Dinge so froh waren, dass sie niemand etwas zuleide tun wollten. Und nicht nur rings um den Hirten waren Engel, sondern er sah sie überall: Sie saßen in der Grotte und sie saßen auf dem Berge und sie flogen unter dem Himmel. Sie kamen in großen Scharen über den Weg gegangen, und wie sie vorbeikamen, blieben sie stehen und warfen einen Blick auf das Kind.
Es herrschte eitel Jubel und Freude und Singen und Spiel, und das alles sah er in der dunklen Nacht, in der er früher nichts zu gewahren vermocht hatte. Und er wurde so froh, dass seine Augen geöffnet waren, dass er auf die Knie fiel und Gott dankte.«

Aber als Großmutter so weit gekommen war, seufzte sie und sagte: »Aber was der Hirte sah, das könnten wir auch sehen, denn die Engel fliegen in jeder Weihnachtsnacht unter dem Himmel, wenn wir sie nur zu gewahren vermögen.«
Und dann legte Großmutter ihre Hand auf meinen Kopf und sagte: »Dies sollst du dir merken, denn es ist so wahr, wie dass ich dich sehe und du mich siehst. Nicht auf Lichter und Lampen kommt es an, und es liegt nicht an Mond und Sonne, sondern was Not tut, ist, dass wir Augen haben, die Gottes Herrlichkeit sehen können.« ★

Rosmarin-Champignons mit Knoblauchbrot

Für die Champignons die Pilze putzen, mit einem Geschirrtuch abreiben und halbieren. Rosmarin und Petersilie abbrausen, trocken schütteln und die Nadeln bzw. Blättchen abzupfen. Getrennt voneinander grob hacken. Schalotte und Knoblauch schälen und fein würfeln.

Für das Knoblauchbrot den Backofen auf 180 °C vorheizen und ein Blech mit Backpapier auslegen. Das Ciabatta im Abstand von 2 cm jeweils zu drei viertel leicht schräg einschneiden, aber nicht komplett durchschneiden. Knoblauch schälen und in eine kleine Schüssel pressen. Rosmarin abbrausen, trocken schütteln, Nadeln abzupfen und fein hacken. Mit dem Öl zum Knoblauch geben, mit Salz und Pfeffer würzen und alles gut verrühren. Das Ciabatta mit dem Knoblauchöl innen und außen bepinseln. Dann für ca. 10 Minuten im Ofen rösten, bis es schön knusprig ist.

Eine große Pfanne mit dem Öl und der Butter erhitzen. Champignons und Schalottenwürfel darin 4 Minuten anbraten. Rosmarin und Knoblauch zugeben und unter gelegentlichem Rühren 3 Minuten mitbraten. Die Pilze mit Essig ablöschen, diesen kurz reduzieren lassen und die Champignons mit Salz und Pfeffer würzen. Die Petersilie untermischen und die Champignons in Schüsseln geben. Mit dem Brot und nach Belieben mit Kräuterquark servieren.

FÜR 4 PORTIONEN (ALS SNACK)

FÜR DIE CHAMPIGNONS:
400 g braune Champignons
2 Zweige Rosmarin
2 Stängel glatte Petersilie
1 Schalotte
1 Knoblauchzehe
2 EL Olivenöl
1 EL Butter
2 EL Balsamicoessig
Salz
frisch gemahlener schwarzer Pfeffer

FÜR DAS KNOBLAUCHBROT:
1 kleines Ciabatta
3 Knoblauchzehen
2 Zweige Rosmarin
4 EL Olivenöl
Salz
frisch gemahlener schwarzer Pfeffer

AUßERDEM:
Kräuterquark nach Belieben

Granatapfel-Vanille-Punsch

FÜR 4 PORTIONEN

½ Granatapfel
1 Bio-Orange
1 Vanilleschote
600 ml Rotwein
400 ml Granatapfelsaft
60 g Zucker
4 Nelken

AUßERDEM:
Zucker zum Garnieren der Gläser

Die Kerne vorsichtig aus der Granatapfelhälfte herauslösen und beiseitestellen. Die Orange heiß abwaschen, trocken tupfen, halbieren und in dünne Spalten schneiden. Die Vanilleschote aufschlitzen und das Mark herauskratzen.

Rotwein mit Granatapfelsaft, Zucker, Orangenspalten, Vanillemark und der ausgekratzten Schote sowie den Nelken in einen Topf geben. Den Punsch erhitzen (nicht kochen!) und 15 Minuten bei sehr geringer Hitze ziehen lassen. Anschließend die Vanilleschote und die Nelken entfernen.

Die Ränder von vier großen Punsch- bzw. Glühweingläsern mit Wasser befeuchten und dann in ein Schälchen mit Zucker drücken, sodass ein Zuckerrand entsteht. Die Granatapfelkerne auf die Gläser verteilen und diese mit heißem Punsch auffüllen. Sofort servieren.

Heiße Trinkschokolade mit Schuss

Die Sahne steif schlagen, dabei den Vanillezucker einrieseln lassen.

Die Milch in einen Topf geben. Das Trinkschokoladenpulver und den Zucker einrühren und die Kakaomischung einmal kurz aufkochen. Dann den Topf vom Herd ziehen und sofort den Rum einrühren.

Die heiße Trinkschokolade auf vier Tassen verteilen und jeweils einen großzügigen Klecks Sahne daraufgeben. Nach Belieben mit Schokoraspeln bestreuen und mit je 1 Zimtstange garnieren.

FÜR 4 PORTIONEN

75 ml Sahne
1 Pck. Bourbon-Vanillezucker
400 ml Milch
4 gestrichene EL Trinkschokoladenpulver (gesüßtes Kakaopulver)
25 g Zucker nach Belieben
80 ml Rum (alternativ Brandy)

AUßERDEM:
Zartbitterschokoladenraspel zum Bestreuen nach Belieben
4 Zimtstangen zum Garnieren nach Belieben

¼tSP ~ 1 ml

Glögg

FÜR 4 PORTIONEN

1 Bio-Orange
1 Stück Ingwer (2 cm)
4 Kardamomkapseln
4 Nelken
1 Zimtstange
750 ml trockener Rotwein
100 g Zucker
100 ml Wodka
40 g Mandelstifte
2 EL Rosinen

Die Orange heiß abwaschen, trocken tupfen und die Schale ohne das bittere Weiße dünn abschneiden. Den Ingwer schälen und in Scheiben schneiden. Die Kardamomkapseln andrücken. 250 ml Wasser in einem kleinen Topf mit Orangenschale, Ingwer, Kardamom, Nelken und Zimtstange kurz aufkochen. Dann die Temperatur stark reduzieren und das Gewürzwasser bei sehr geringer Hitze 10 Minuten köcheln lassen. Den Herd ausstellen und alles weitere 20 Minuten ziehen lassen.

Den Rotwein mit dem Zucker in einem großen zweiten Topf einmal kurz aufkochen, bis sich der Zucker aufgelöst hat. Das Gewürzwasser durch ein Sieb zugießen und die Hitze reduzieren. Die Glögg-Mischung 20 Minuten bei geringer Hitze ganz leicht köcheln lassen. Wodka und Mandeln unterrühren und alles weitere 10 Minuten bei ausgeschalteter Herdplatte ziehen lassen.

Die Rosinen auf vier Gläser verteilen und diese mit dem heißen Glögg auffüllen. Skål!

Quarkbällchen

Eier, Zucker und Vanillezucker in einer Schüssel schaumig schlagen. Den Quark mit der Milch zufügen und mit der Eimischung glatt rühren. Mehl mit Backpulver, Salz und Zimt mischen und zugeben. Alles zu einem zähen Teig verrühren, dann den Teig 20 Minuten ruhen lassen.

Das Öl in einem Topf (er sollte mind. 4 cm hoch gefüllt sein) auf ca. 175 °C erhitzen. Wenn an einem hineingetauchten Holzstäbchen sofort kleine Bläschen aufsteigen, ist das Öl heiß genug.

Den Teig mithilfe eines Eisportionierers vorsichtig ins heiße Öl gleiten lassen und unter Wenden in 3–4 Minuten braun backen. Max. vier Quarkbällchen auf einmal frittieren, sonst kühlt das Öl bei der Teigzugabe zu stark ab. Das Öl sollte mittlere Temperatur haben. Ist es zu heiß, verbrennen die Quarkbällchen von außen, sind innen aber noch roh. Ist das Öl zu kalt, werden die Bällchen außen nicht knusprig. Am besten zwischendurch eins probieren. Anschließend die Quarkbällchen mit einem Schaumlöffel herausheben und auf Küchenpapier abtropfen lassen. Dann auf einem Teller in Zucker wenden, sodass sie komplett davon ummantelt sind.

FÜR CA. 15 BÄLLCHEN

2 Eier
125 g Zucker
1 Pck. Bourbon-Vanillezucker
250 g Magerquark
1 EL Milch
250 g Mehl
½ TL Backpulver
1 Prise Salz
½ TL Zimt

AUßERDEM:

1 l Raps- oder Sonnenblumenöl zum Frittieren
reichlich Zucker zum Wälzen

Karamell-Nuss-Äpfel

FÜR 4 KLEINE ÄPFEL

4 kleine Äpfel
125 g Zucker
1 ½ EL Ahornsirup
2 EL Butter
125 g Crème fraîche
½ TL Zimt
100 g gehackte Haselnusskerne

AUßERDEM:
4 Holz-Schaschlikspieße

Die Äpfel gründlich waschen und trocken tupfen. Die Stiele entfernen und jeweils einen Schaschlikspieß in die Äpfel stecken.

Zucker, Ahornsirup, Butter, Crème fraîche und Zimt in einen kleinen Topf geben und zum Kochen bringen. Dann die Hitze reduzieren und die Karamellmischung in ca. 12 Minuten unter häufigem Rühren bei geringer bis mittlerer Hitze einkochen lassen, bis eine dickflüssige goldbraune Masse entsteht.

Inzwischen die Haselnüsse in einer Pfanne ohne Fett unter gelegentlichem Wenden goldbraun rösten. Auf einen flachen Teller geben.

Die Äpfel zügig von allen Seiten ins heiße Karamell tauchen oder mit einem Esslöffel vorsichtig damit übergießen. Die Oberseiten mit ein paar gehackten Nüssen bestreuen und dann die Äpfel mit den Unterseiten in die übrigen gehackten Nüsse setzen. Dabei zügig vorgehen, da die heiße Karamellmasse sofort trocknet, wenn sie mit den kalten Äpfeln in Berührung kommt. Die Karamell-Nuss-Äpfel am besten gleich verzehren.

Mandel-Nugat-Crêpes

Ei, Milch, Buttermilch, Mehl, gemahlene Mandeln, Amaretto, Vanillezucker und Salz in einer Schüssel glatt rühren. Den Crêpeteig 20 Minuten abgedeckt ruhen lassen. Inzwischen die Mandelblättchen in einer kleinen beschichteten Pfanne ohne Fett unter häufigem Wenden goldbraun rösten, aus der Pfanne nehmen und beiseitestellen.

Die Pfanne auswischen und darin das Öl portionsweise erhitzen. Nacheinander aus dem Teig acht kleine Crêpes backen. Das dauert pro Seite 40–60 Sekunden.

Jeden Crêpe mit 1 Esslöffel Nuss-Nugat-Creme bestreichen und mit den Mandeln, bis auf ein paar zum Dekorieren, bestreuen. Die Crêpes zusammenfalten. Mit den restlichen Mandeln bestreuen und mit Puderzucker bestäuben. Warm servieren.

FÜR 8 KLEINE CRÊPES

1 Ei (Größe L)
150 ml Milch
100 ml Buttermilch
100 g Mehl
30 g gemahlene blanchierte Mandeln
2 EL Amaretto
1 Pck. Bourbon-Vanillezucker
1 Prise Salz
50 g Mandelblättchen
8 EL Nuss-Nugat-Creme (alternativ Schokocreme)

AUßERDEM:

2 EL Rapsöl zum Ausbacken
Puderzucker zum Bestäuben

BESINNLICHKEIT

GEMEINSAM GENIEßEN

REZEPTE FÜR DIE FESTTAGE

Feldsalat mit Fenchel und Kartoffeldressing

FÜR 4 PORTIONEN
VORSPEISE

FÜR DAS DRESSING:
1 große mehligkochende Kartoffel (ca. 250 g)
2 EL Kräuteressig
2 EL Rapsöl
ca. 200 ml heiße Hühnerbrühe
1 ½ TL mittelscharfer Senf
2 EL Sahne
Salz
frisch gemahlener schwarzer Pfeffer
frisch geriebene Muskatnuss

FÜR DEN SALAT:
150 g Feldsalat
4 Radieschen
1 Mini-Salatgurke
1 kleine Fenchelknolle mit Grün
80 g Bacon in Scheiben
2 Scheiben Roggenbrot
1 TL Butter
1 TL getrockneter Thymian
Salz
frisch gemahlener schwarzer Pfeffer

Für das Dressing die Kartoffel waschen, in einem Topf mit Wasser bedecken, aufkochen und weich garen. Lauwarm abkühlen lassen.

Inzwischen für den Salat den Feldsalat putzen, verlesen, waschen und trocken schleudern. Radieschen, Salatgurke und Fenchel waschen, putzen und in feine Scheiben bzw. Streifen schneiden oder hobeln. Fenchelgrün zur Seite legen. Den Bacon quer halbieren, dann in einer großen Pfanne ohne Fett von beiden Seiten knusprig braten. Anschließend auf Küchenpapier abtropfen lassen.

Das Brot in 1 cm große Würfel schneiden. Die Butter zum Bratfett des Bacons in die Pfanne geben und zerlassen. Die Brotwürfel darin unter häufigem Wenden mit dem Thymian goldbraun und knusprig anrösten. Mit Salz und Pfeffer würzen. Feldsalat, Radieschen, Gurke, Fenchel, Bacon und Brotwürfel auf vier Tellern anrichten.

Für das Dressing die Kartoffel pellen, mit einer Gabel fein zerdrücken und dann mit Essig, Öl, 175 ml Hühnerbrühe, Senf und Sahne mit dem Pürierstab cremig mixen. Je nach gewünschter Konsistenz mehr Brühe untermischen. Das Dressing mit Salz, Pfeffer und Muskat abschmecken und über den Salat träufeln. Mit Fenchelgrün garnieren und sofort servieren.

Selleriesalat mit Trauben und Haselnüssen

Für den Salat Sellerie putzen und schälen. Den Apfel waschen, trocken tupfen, vierteln und vom Kerngehäuse befreien. Den Sellerie und den ungeschälten Apfel mit der Küchenmaschine, der Gemüsereibe oder einem Julienneschneider in feine Streifen schneiden oder raspeln. Beides in einer Schüssel sofort mit Zitronensaft vermischen.

Beide Traubensorten waschen und längs halbieren. Butter und Zucker in einer Pfanne schmelzen und die Haselnüsse darin in ein paar Minuten unter Rühren karamellisieren.

Für das Dressing den Schnittlauch abbrausen, trocken schütteln und in feine Röllchen schneiden. 2 Esslöffel für die Garnitur beiseitelegen. Den Rest mit Crème fraîche, Joghurt, Honig, Zitronensaft und -abrieb verrühren. Das Dressing mit Salz und Pfeffer würzig abschmecken.

Die Sellerie-Apfel-Mischung mit Trauben, Haselnüssen und dem Dressing vermengen. Dann auf Schüsseln verteilen und mit dem restlichen Schnittlauch bestreut servieren.

FÜR 4–6 PORTIONEN
VORSPEISE

FÜR DEN SALAT:
450 g Knollensellerie (geputzt und geschält gewogen)
1 großer roter Apfel
2 EL Zitronensaft
75 g kernlose rote Trauben
75 g kernlose grüne Trauben
1 TL Butter
1 ½ TL brauner Zucker
75 g grob gehackte Haselnusskerne (alternativ Walnusskerne)

FÜR DAS DRESSING:
10 Stängel Schnittlauch
100 g Crème fraîche
50 g Joghurt (3,5 % Fett)
1 ½ TL Honig
1 EL Zitronensaft
2 TL Bio-Zitronenabrieb
Salz
frisch gemahlener schwarzer Pfeffer

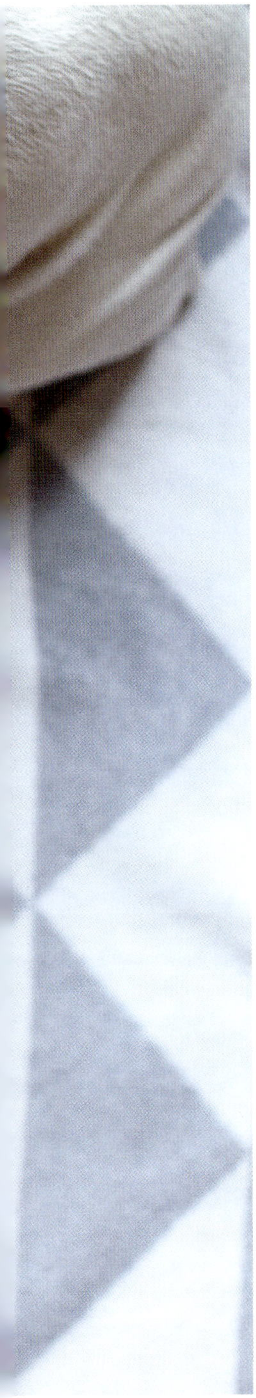

Champignon-Crostini mit Grünkohlpesto

FÜR 6 PERSONEN
VORSPEISE

FÜR DAS PESTO:
150 g TK-Grünkohl, fein gehackt
½ Bund glatte Petersilie
1 Knoblauchzehe
80 g blanchierte Mandeln
50 ml Olivenöl
Salz
frisch gemahlener schwarzer Pfeffer
frisch geriebene Muskatnuss

FÜR DIE CROSTINI:
300 g braune Champignons (alternativ Steinpilze)
1 kleine Zwiebel
1 Knoblauchzehe
4 Zweige Thymian
1 EL Olivenöl
1 EL Butter
1 ½ EL Balsamico Bianco
Salz
frisch gemahlener schwarzer Pfeffer
1 Prise Zucker
1 Ciabatta

AUßERDEM:
Olivenöl zum Bepinseln
gehobelter oder geriebener Parmesan zum Servieren

Für das Pesto den Grünkohl nach Packungsanweisung auftauen und garen. Inzwischen die Petersilie abbrausen, trocken schütteln und die Blättchen samt feiner Stängel abzupfen. Knoblauch schälen und grob hacken. Den fertig gegarten Grünkohl mit Petersilie, Knoblauch, Mandeln, Öl und ¼ Teelöffel Salz in einen leistungsstarken Standmixer geben und zu einem cremigen Pesto verarbeiten. Nach Bedarf mehr Olivenöl untermixen. Mit Salz, Pfeffer und Muskat würzig abschmecken.

Für die Crostini die Pilze putzen, mit einem Geschirrtuch abreiben und in feine Scheiben schneiden. Zwiebel und Knoblauch schälen und fein hacken. Thymian abbrausen, trocken schütteln und die Blättchen abzupfen.

Den Ofen auf 220 °C mit zugeschalteter Grillfunktion vorheizen. Öl und Butter in einer Pfanne erhitzen. Zwiebel und Knoblauch darin bei mittlerer Hitze in ein paar Minuten glasig dünsten. Dann die Pilze und den Thymian zugeben und 2 Minuten mitbraten. Alles mit Balsamico ablöschen, diesen kurz reduzieren lassen, dann die Pilze mit Salz, Pfeffer und Zucker würzen. Alles weitere 2 Minuten braten, bis die meiste Flüssigkeit verdampft ist, dabei ab und zu umrühren. Anschließend die Hälfte der Pilzmischung fein pürieren und wieder zu den restlichen Pilzen geben. Bei geringer Hitze warm halten.

Das Ciabatta längs halbieren, mit etwas Olivenöl einpinseln und ca. 3 Minuten auf der mittleren Schiene im Ofen rösten. Anschließend zuerst das Pesto, dann die Pilze darauf verteilen. Mit etwas Parmesan garnieren. Warm oder kalt servieren und in Stücke schneiden.

Topinambur-Süßkartoffel-Suppe

FÜR 4 PORTIONEN
VORSPEISE

650 g Topinamburen
250 g Süßkartoffel
1 Zwiebel
2 EL Butter
2 EL Zitronensaft
ca. 800 ml Gemüsebrühe plus ggf. etwas mehr
4 Stängel Schnittlauch
200 ml Sahne
Salz
frisch gemahlener schwarzer Pfeffer
frisch geriebene Muskatnuss

AUßERDEM:
Pflanzenöl zum Frittieren
Meersalz zum Bestreuen

2 kleinere Topinamburknollen beiseitelegen, die übrigen Topinamburen schälen und 2 cm groß würfeln. Die Süßkartoffel ebenfalls schälen und würfeln. Die Zwiebel schälen und hacken. Butter in einem Topf erhitzen und die Zwiebel darin in ca. 5 Minuten glasig dünsten. Dann Topinambur- und Süßkartoffelwürfel zugeben und kurz anrösten. Zitronensaft und Brühe zufügen, alles aufkochen und das Gemüse bei geringer bis mittlerer Hitze in ca. 20 Minuten weich kochen lassen.

Inzwischen die beiseitegelegten Topinamburknollen gründlich abbürsten, waschen und sehr gut trocken tupfen. Dann in feine Scheibchen hobeln. So viel Öl in einen kleinen hohen Topf füllen, dass dieser ca. 2 cm hoch gefüllt ist, und auf ca. 170 °C erhitzen. Das Öl ist heiß genug, wenn an einem hineingetauchten Holzlöffelstiel sofort kleine Bläschen aufsteigen. Die Scheiben portionsweise hineingeben und in ca. 40 Sekunden goldgelb und knusprig frittieren. Mit einem Schaumlöffel herausheben und auf Küchenpapier abtropfen lassen. Sofort mit etwas Meersalz bestreuen.

Den Schnittlauch abbrausen, trocken schütteln und in feine Röllchen schneiden. Die Sahne halb steif schlagen. Die Suppe fein pürieren und mit Salz, Pfeffer und Muskat würzen. Ist die Suppe zu dickflüssig, mehr Gemüsebrühe untermixen. Die Sahne unterrühren und die Suppe auf vier Suppentassen verteilen. Mit Topinamburchips und Schnittlauch garnieren und sofort servieren.

Flädlesüppchen mit Gemüse-Julienne

FÜR 4–6 PORTIONEN
VORSPEISE

FÜR DIE FLÄDLE:
100 g Mehl
125 ml Milch
2 Eier
2 Prisen Salz
1 TL getrocknete Petersilie

FÜR DIE SUPPE:
2 große Möhren
200 g Knollensellerie
1 rote Paprikaschote
½ kleine Stange Lauch
½ Bund glatte Petersilie
850 ml Gemüsebrühe
(am besten selbst gekocht, s. u.)
½ TL getrockneter Estragon
Salz
frisch gemahlener
schwarzer Pfeffer

AUßERDEM:
Butterschmalz zum Ausbacken

Für die Flädle Mehl, Milch, Eier, Salz und getrocknete Petersilie in eine Schüssel geben und glatt rühren. Den Teig 20 Minuten ruhen lassen.

Inzwischen für die Suppe die Möhren putzen, schälen und mit einem Julienneschneider in feine Streifen schneiden. Sellerie putzen, schälen und in Streifen schneiden. Die Paprika waschen, halbieren, von Samen und Scheidewänden befreien und ebenfalls in feine Streifen schneiden. Den Lauch putzen, gründlich waschen und in sehr feine Ringe schneiden. Petersilie abbrausen, trocken schütteln, Blättchen abzupfen und fein hacken.

In einer Pfanne etwas Butterschmalz erhitzen und aus dem Flädleteig nacheinander bei mittlerer Hitze in ca. 1 ½ Minuten pro Seite drei dünne Pfannkuchen (jeweils 2 kleine Kellen Teig) backen. Die fertigen Pfannkuchen etwas abkühlen lassen, dann eng aufrollen und in möglichst feine Streifen schneiden.

Die Gemüsebrühe mit dem Estragon in einem Topf aufkochen. Den Lauch zugeben und bei geringer Hitze 3 Minuten köcheln lassen. Dann die Gemüse-Julienne zufügen und ebenfalls bei geringer Hitze 3 Minuten ziehen lassen. Die Suppe mit Salz und Pfeffer würzen.

Die Flädle auf Suppentassen verteilen und die heiße Suppe mit der Julienne darübergeben. Die Flädlesüppchen mit Petersilie bestreut servieren.

★ Die Gemüsebrühe kann ganz einfach selbst zubereitet werden. Dazu 3 Möhren, ¼ Knollensellerie und ½ Stange Lauch waschen und putzen. Möhren und Sellerie schälen und alles grob schneiden. 1 Zwiebel schälen und ebenfalls grob würfeln. 1 Esslöffel Öl in einem großen Topf erhitzen und das Gemüse darin anrösten. Mit ausreichend Wasser bedecken, salzen und 3 Stängel Petersilie zugeben. Ca. 1 Stunde köcheln lassen, mit Salz und Pfeffer abschmecken und anschließend durch ein Sieb abseihen.

Spinat-Parmesan-Knödel

Das Weißbrot in kleine Würfel schneiden und in eine Schüssel geben. Sahne und Milch in einem kleinen Topf leicht erhitzen, dann über die Brotwürfel gießen. Diese 15 Minuten einweichen. Inzwischen die Zwiebel schälen und fein hacken. Butter in einem Topf erhitzen und die Zwiebel darin 3 Minuten andünsten. Den Spinat zugeben und so lange köcheln lassen, bis sämtliche Flüssigkeit verdampft ist. Mit Salz, Pfeffer und Muskat würzen. In einem Sieb abkühlen lassen und mit einem Löffelrücken weitere Flüssigkeit ausdrücken.

Spinat-Zwiebel-Mischung, Eier und je 2 Esslöffel Semmelbrösel und Mehl zur Brotmischung geben. Alles gut vermengen und mit Salz, Pfeffer und Muskat abschmecken. Den Knödelteig 20 Minuten abgedeckt ruhen lassen. Dann 20 g Parmesan und je nach Konsistenz mehr Semmelbrösel unterkneten. Der Teig sollte sich mit leicht angefeuchteten Händen gut formen lassen.

In einem großen Topf reichlich Salzwasser zum Kochen bringen. Die Hitze etwas reduzieren. Den Teig zu Knödeln formen und diese behutsam ins köchelnde Wasser gleiten lassen. Die Knödel ca. 15 Minuten im nur leicht köchelnden Wasser ziehen lassen. Anschließend mit einem Schaumlöffel herausheben.

Inzwischen die Butter in einem Topf bei mittlerer Hitze in ca. 5 Minuten leicht braun werden lassen. Die Knödel auf Teller verteilen, mit der Nussbutter beträufeln und mit dem restlichen Parmesan bestreut servieren.

FÜR 8–10 KNÖDEL
HAUPTSPEISE

220 g altbackenes Weißbrot vom Vortag
75 ml Sahne
50 ml Milch
1 kleine Zwiebel
2 EL Butter
250 g junger TK-Spinat, fein gehackt, unaufgetaut
Salz
frisch gemahlener schwarzer Pfeffer
frisch geriebene Muskatnuss
2 Eier
ca. 4 EL Semmelbrösel
ca. 4 EL Mehl
60 g frisch geriebener Parmesan

AUßERDEM:
50 g Butter

Wer mag, kann die Knödel nach dem Kochen in Nussbutter anbraten. Nussbutter ist hell gebräunte und durch ein Tuch passierte flüssige Butter.

Weihnachten in der Speisekammer

Paula Dehmel

Unter der Türschwelle war ein kleines Loch. Dahinter saß die Maus Kiek und wartete. Sie wartete, bis der Hausherr die Stiefel aus- und die Uhr aufgezogen hatte; sie wartete, bis die Mutter ihr Schlüsselkörbchen auf den Nachttisch gestellt und die schlafenden Kinder noch einmal zugedeckt hatte; sie wartete auch noch, als alles dunkel war und tiefe Stille im Hause herrschte.

Dann ging sie.

Bald wurde es in der Speisekammer lebendig. Kiek hatte die ganze Mäusefamilie benachrichtigt. Da kam Miek, die Mäusemutter, mit den fünf Kleinen, und Onkel Grisegrau und Tante Fellchen stellten sich auch ein.

„Frauchen, hier ist etwas Weiches, Süßes", sagte Kiek leise vom obersten Brett herunter zu Miek, „das ist etwas für die Kinder", und er teilte von den Mohnpielen aus.

„Komm hierher, Grisegrau", piepste Fellchen und guckte hinter der Mehltonne vor, „hier gibt's Gänsebraten, vorzüglich, sag ich dir, die reine Hafermast; wie Nuss knuspert sich's."

Grisegrau aber saß in der neuen Kiste in der Ecke, knabberte am Pfefferkuchen und ließ sich nicht stören.

Die Mäusekinder balgten sich im Sandkasten und kriegten Mohnpielen. „Papa", sagte das größte, „meine Zähne sind schon scharf genug, ich möchte lieber knabbern, knabbern hört sich so hübsch an."

„Ja, ja, wir wollen auch lieber knabbern", sagten alle Mäusekinder, „Mohnpielen sind uns zu matschig", und bald hörte man sie am Gänsebraten und am Pfefferkuchen.

„Verderbt euch nicht den Magen", rief Fellchen, die Angst hatte, selber nicht genug zu kriegen, „an einem verdorbenen Magen kann man sterben."

Die kleinen Mäuse sahen ihre Tante erschrocken an; sterben wollten sie ganz und gar nicht, das musste schrecklich sein. Vater Kiek beruhigte sie und erzählte ihnen von Gottlieb und Lenchen, die drinnen in ihren Betten lägen und ein hölzernes Pferdchen und eine Puppe im Arm hätten; und dass in der großen Stube ein mächtiger Baum stände mit Lichtern und buntem Flimmerstaat und dass es in der ganzen Wohnung herrlich nach frischem Kuchen röche, der aber im Glasschrank stände und an den man nicht herankönnte.

„Ach", sagte Fellchen, „erzähle nicht so viel, lass die Kinder lieber essen." Die aber lachten die Tante mit dem dicken Bauch aus und wollten noch viel mehr wissen, mehr als der gute Kiek selbst wusste.

Zuletzt bestanden sie darauf, auch einen Weihnachtsbaum zu haben, und die zärtlichen Mäuseeltern liefen wirklich in die Küche und zerrten einen Ast herbei, der von dem großen Tannenbaum abgeschnitten war. Das gab einen Hauptspaß. Die Mäusekinder quiekten vor Entzücken und fingen an, an dem grünen Tannenholz zu knabbern; das schmeckte aber abscheulich nach Terpentin, und sie ließen es sein und kletterten lieber in dem Ast umher. Schließlich machten sie die ganze Speisekammer zu ihrem Spielplatz. Sie huschten hierhin und dorthin, machten Männchen, lugten neugierig über die Bretter in alle Winkel hinein und spielten Versteck hinter den Gemüsebüchsen und Einmachtöpfen; was sollten sie auch mit dem dummen Weihnachtsbaum, an dem es nichts zu essen gab! Als aber das Kleinste ins Pflaumenmus gefallen war und von Mama Miek und Onkel Grisegrau abgeleckt werden musste, wurde ihnen das Umhertollen untersagt, und sie mussten wieder artig am Pfefferkuchen knabbern.

Am andern Morgen fand die alte Köchin kopfschüttelnd den Tannenast in der Speisekammer und viele Krümel und noch etwas, was nicht gerade in die Speisekammer gehört, ihr werdet euch schon denken können, was!

Als Gottlieb und Lenchen in die Küche kamen, um der alten Marie guten Morgen zu wünschen, zeigte sie ihnen die Bescherung und meinte: „Die haben auch tüchtig Weihnachten gefeiert."

Die Kinder aber tuschelten und lachten und holten einen Blumentopf. Sie pflanzten den Ast hinein und bekränzten ihn mit Zuckerwerk, aufgeknackten Nüssen, Honigkuchen und Speckstückchen. Die alte Marie brummte; da aber die Mutter lachend zuguckte, musste sie schon klein beigeben. Sie stellte alles andre sicher und ließ den kleinen Naschtieren nur ihren Weihnachtsbaum.

Die Kinder aber jubelten, als sie am zweiten Feiertage den Mäusebaum geplündert vorfanden, und hätten gar zu gern auch ein Dankeschön von dem kleinen Volke gehört.

Das aber lag unter der Diele und verdaute. „Den guten Speck vergess ich mein Leben lang nicht", sagte Fellchen, und Grisegrau biss eine mitgebrachte Haselnuss entzwei; Kiek und Miek aber waren besorgt um ihre Kleinen, die hatten zu viel Pfefferkuchen gegessen, und ihr wisst, liebe Kinder, das tut nicht gut! ★

Nussbraten mit Tomaten-Zimt-Creme

FÜR 1 KASTENFORM (25 CM)
HAUPTSPEISE

FÜR DEN NUSSBRATEN:
250 g Nusskernmischung
2 EL Pinienkerne
1 EL Sonnenblumenkerne
2 Schalotten
1 Knoblauchzehe
6 getrocknete Tomaten in Öl, abgetropft
½ Bund glatte Petersilie
3 Zweige Thymian
1 Zweig Rosmarin
3 Eier
125 g frisch geriebener Parmesan
200 g stückige Tomaten (Dose)
2 EL Worcestersauce
2 TL Dijonsenf
Salz, Pfeffer

FÜR DIE TOMATEN-ZIMT-CREME:
1 Schalotte
1 Knoblauchzehe
1 EL Olivenöl
2 EL Tomatenmark
1 EL Balsamicoessig
700 g stückige Tomaten (Dose)
1 Zimtstange
1 Lorbeerblatt
85 g Crème fraîche
Zucker
Salz, Pfeffer
Chiliflocken nach Belieben

Für den Braten die Nussmischung mit den Pinien- und Sonnenblumenkernen in einer großen Pfanne ohne Fett goldbraun anrösten, bis alles aromatisch duftet. Dabei häufig rühren und aufpassen, dass nichts anbrennt. Kurz abkühlen lassen, dann im Blitzhacker fein mahlen. Schalotten und Knoblauch schälen und fein würfeln. Die getrockneten Tomaten fein hacken. Die Kräuter abbrausen und trocken schütteln, die Blättchen bzw. Nadeln abzupfen und fein hacken.

Den Backofen auf 180 °C vorheizen. Die Form mit Backpapier auslegen. Eier verquirlen und mit Parmesan, den stückigen Tomaten und den restlichen vorbereiteten Zutaten gut verrühren. Die Worcestersauce und den Senf untermischen und die Nussmasse mit Salz und Pfeffer würzen. Alles in die Kastenform geben, glatt streichen und im heißen Ofen ca. 45 Minuten backen, bis der Braten schön gebräunt und fest, aber innen noch saftig ist.

Inzwischen für die Tomaten-Zimt-Creme Schalotte und Knoblauch schälen und hacken. Das Öl in einem Topf erhitzen und Schalotte und Knoblauch darin 5 Minuten anschwitzen. Das Tomatenmark einrühren und anrösten, dann den Balsamico zugeben und kurz reduzieren lassen. Alles mit Tomaten ablöschen und mit Zimt und Lorbeer aufkochen. Die Tomaten ca. 20 Minuten bei mittlerer Hitze offen köcheln lassen. Crème fraîche einrühren, Zimt und Lorbeer entfernen. Alles fein pürieren und mit Zucker, Salz, Pfeffer und Chili nach Belieben würzen.

Den Nussbraten aus dem Ofen nehmen, 5 Minuten ruhen lassen, dann auf ein Brett stürzen. Mit einem scharfen Messer in Scheiben schneiden und mit der Tomaten-Zimt-Creme servieren.

Dazu schmecken im Ofen geröstete Pastinaken und Tomaten.

Rinderbraten mit Barolo und Rotkohl

FÜR 4 PORTIONEN
HAUPTSPEISE

FÜR DEN BRATEN:
250 g Möhren
250 g Knollensellerie
4 Schalotten
1 Zweig Rosmarin
2 Zweige Thymian
1,2 kg Rindfleisch aus der Hüfte
Salz
5 EL Rapsöl
500 ml Barolo (alternativ anderer trockener Rotwein)
500 ml Rinderfond (alternativ Fleischbrühe)
1 TL Wacholderbeeren
1 Stück Sternanis
2 Nelken
1 Lorbeerblatt
1 TL Speisestärke
2 TL kalte Butter

FÜR DEN ROTKOHL:
½ Kopf Rotkohl (ca. 750 g)
1 Zwiebel
1 EL Butterschmalz
1 Lorbeerblatt
1 TL Wacholderbeeren
1 Zimtstange
150 ml Barolo (alternativ anderer trockener Rotwein)
100 ml Gemüsebrühe
4 EL Apfelessig
2 EL Zucker
Salz
1 Apfel
2 EL Johannisbeergelee

AUßERDEM:
Küchengarn

Für den Rotkohl den Kohl von äußeren Blättern und Strunk befreien und putzen. Mit einem Gemüsehobel oder Messer in feine Streifen hobeln oder schneiden. Zwiebel schälen und in feine Streifen schneiden.

Butterschmalz in einem großen Topf erhitzen. Zwiebel darin glasig dünsten. Kohl mit den Gewürzen zugeben und unter Rühren kurz anschwitzen. Mit Wein und Brühe ablöschen. Essig, Zucker und 1 ½ Teelöffel Salz untermischen. Alles aufkochen und zugedeckt ca. 1 Stunde und 15 Minuten schmoren. Ab und zu umrühren. Evtl. etwas Wasser angießen, damit der Kohl nicht anbrennt. Inzwischen Apfel schälen, vierteln, vom Kerngehäuse befreien und in feine Streifen schneiden. Nach ca. 30 Minuten Garzeit unter den Kohl mischen und mitschmoren. Zum Ende der Garzeit den Deckel abnehmen und die Flüssigkeit einkochen lassen. Gewürze entfernen und Gelee untermischen. Kohl mit Salz und Essig abschmecken.

Während der Rotkohl gart, für den Braten Möhren und Sellerie putzen, schälen und grob würfeln. Schalotten schälen und vierteln. Kräuter abbrausen und trocken schütteln. Fleisch gut trocken tupfen und mit Salz einreiben.

3 Esslöffel Öl in einer Pfanne erhitzen und das Fleisch rundherum scharf anbraten, sodass es von allen Seiten schön gebräunt ist. Herausnehmen. Restliches Öl in einem hohen Topf erhitzen und Möhren, Sellerie und Schalotten anrösten. Mit Wein und Fond ablöschen. Wacholder, Sternanis, Nelken, Rosmarin, Thymian und Lorbeer zufügen und aufkochen. Dann Hitze so reduzieren, dass die Flüssigkeit nicht mehr köchelt. Fleisch mit Küchengarn an einem Holzlöffel befestigen und in den Topf hängen. Sicherstellen, dass der Braten komplett in der Flüssigkeit hängt und nicht auf dem Boden aufliegt. Bei aufgelegtem Deckel ca. 40 Minuten pochieren oder bis die Gartemperatur 58 °C beträgt.

Den Braten aus dem Sud nehmen und auf einem Brett kurz ruhen lassen. Flüssigkeit durch ein Sieb in einen weiten Topf gießen und aufkochen. Stärke mit 3 Esslöffeln kaltem Wasser glatt rühren und die kochende Soße damit binden. Dann Butter in Flöckchen einrühren. Den Braten in Scheiben schneiden und in der Soße kurz erhitzen. Fleisch mit Soße und Rotkohl servieren.

Kabeljaufilet auf Rahmwirsing

FÜR 4 PORTIONEN
HAUPTSPEISE

FÜR DAS KABELJAUFILET:
½ Bio-Orange
4 Kabeljaufilets à ca. 180 g
Salz
8 Streifen Bacon

FÜR DEN RAHMWIRSING:
Salz
1 kleiner Wirsing (ca. 800 g)
Eiswasser
2 Schalotten
1 ½ EL Rapsöl
200 ml Sahne
frisch gemahlener schwarzer Pfeffer

Für das Kabeljaufilet die Orangenhälfte heiß abwaschen, trocken tupfen und die Schale fein abreiben. 2 Esslöffel Saft auspressen und für den Rahmwirsing beiseitestellen. Den Fisch unter kaltem Wasser abspülen, trocken tupfen, von etwaigen Gräten befreien und 20 Minuten Zimmertemperatur annehmen lassen.

Inzwischen für den Rahmwirsing Salzwasser in einem Topf aufkochen. Den Wirsing in einzelne Blätter teilen und diese ca. 5 Minuten blanchieren, anschließend in Eiswasser abschrecken, dann gut abtropfen lassen. Die harten Mittelrippen herausschneiden und die Wirsingblätter in 2 cm breite Streifen schneiden.

Die Schalotten schälen und fein würfeln. Öl in einem breiten Topf erhitzen. Die Schalottenwürfel 5 Minuten unter Rühren anschwitzen, bis sie glasig sind. Dann den Wirsing zugeben, kurz anrösten und alles vermengen. Nach 1 Minute mit beiseitegestelltem Orangensaft ablöschen. Die Sahne angießen und untermischen. Alles einmal aufkochen und bei geringer Hitze ca. 5 Minuten köcheln lassen. Mit Salz und Pfeffer abschmecken und abgedeckt warm halten.

Die Fischfilets leicht salzen. Jeweils 2 Streifen Bacon um die Filets wickeln. Dann jeweils zwei Filets auf einmal in zwei Pfannen in 4–5 Minuten pro Seite goldbraun braten. Den Wirsing auf vier Teller verteilen und den Fisch darauf anrichten. Mit Orangenabrieb bestreut servieren.

Dazu schmecken Petersilienkartoffeln.

Lachsfilet mit Kräuterkruste auf Linsengemüse

Für den Lachs die Kräuter abbrausen, trocken schütteln und die Blättchen abzupfen. Das Weißbrot grob zerkleinern. Alle vorbereiteten Zutaten mit Butter, Parmesan und Zitronenabrieb im Blitzhacker fein zerkleinern. Mit Salz und Pfeffer würzen. Den Backofen auf 210 °C vorheizen und ein Blech mit Backpapier auslegen.

Für das Linsengemüse die Linsen nach Packungsanweisung garen. Kartoffeln schälen, waschen und fein würfeln. Lauch putzen, längs halbieren, gründlich waschen und in feine Halbringe schneiden. Möhren putzen, schälen und fein würfeln. Die Speckwürfel in einem Topf ohne Fett auslassen. Öl zugeben und erhitzen. Kartoffeln zufügen und bei mittlerer Hitze unter häufigem Wenden anbraten. Lauch und Möhren zugeben und mitbraten. Die Linsen abtropfen lassen und zum Gemüse geben.

Inzwischen die Lachsfilets unter kaltem Wasser abspülen, trocken tupfen und auf dem Blech verteilen. Die Oberseiten mit je 1 Teelöffel Senf bestreichen. Die Kräutermasse gleichmäßig darauf verteilen und leicht andrücken. Den Fisch in 14–17 Minuten im Ofen garen, bis die Kräuterkruste schön gebräunt ist. Ggf. in den letzten Minuten mit Alufolie abdecken.

Das Linsengemüse mit Salz, Pfeffer, Zucker und Essig würzen, dann auf Teller verteilen. Die Lachsfilets darauf anrichten. Mit Zitronenspalten und nach Belieben mit Dill und Petersilie bestreut servieren.

FÜR 4 PERSONEN
HAUPTSPEISE

FÜR DEN LACHS:
½ Bund glatte Petersilie
3 Stängel Dill
4 kleine Scheiben Weißbrot (alternativ Weizentoast)
2 EL weiche Butter
2 EL geriebener Parmesan
Abrieb von ½ Bio-Zitrone
Salz
frisch gemahlener schwarzer Pfeffer
4 Lachsfilets ohne Haut à 160 g (alternativ TK-Lachsfilets, aufgetaut)
4 TL Dijonsenf

FÜR DAS LINSENGEMÜSE:
250 g Belugalinsen
200 g festkochende Kartoffeln
1 kleine Stange Lauch
4 kleine Möhren (200 g)
50 g durchwachsene Speckwürfel
2 EL Rapsöl
Salz
frisch gemahlener schwarzer Pfeffer
1 Prise Zucker
1 ½ EL Weißweinessig

AUẞERDEM:
Zitronenspalten zum Servieren
Dill und Petersilienblättchen zum Garnieren nach Belieben

Barbarie-Entenbrust mit Portwein-Orangen-Soße

FÜR 4 PORTIONEN
HAUPTSPEISE

FÜR ENTENBRUST UND SOSSE:
2 Barbarie-Entenbrüste (à ca. 375 g; alternativ TK-Entenbrust, aufgetaut)
4 kleine Bio-Orangen
1 kleine Zwiebel
1 Knoblauchzehe
Salz, Pfeffer
1 EL Butter
1 ½ TL Honig
100 ml Portwein
2 EL Grand Marnier
1 Zweig Thymian
1 Stück Sternanis
1 TL Speisestärke
1 EL Zitronensaft

FÜR DIE BEILAGEN:
250 g Wildreis
500 g Bundmöhren mit Grün
2 Zweige Thymian
2 EL Butter
1 TL Zucker
1 Prise Salz
150 ml Gemüsefond

Die Entenbrüste Zimmertemperatur annehmen lassen. 1 Orange heiß abwaschen, trocken tupfen und die Schale fein abreiben. Den Saft von 2 Früchten auspressen. Die übrigen 2 Orangen schälen und filetieren. Zwiebel schälen und fein würfeln. Knoblauch ebenfalls schälen und durch die Presse drücken.

Für die Beilagen den Reis nach Packungsanweisung garen. Möhren putzen und schälen, das Grün auf 1 cm kürzen. Dickere Möhren längs halbieren. Thymian abbrausen, trocken schütteln und Blättchen abzupfen. Butter und Zucker mit Salz in einem Topf erhitzen. Sobald die Butter zerlassen ist, Möhren zugeben und kurz anschwitzen. Mit Gemüsefond ablöschen und so lange mit halb aufgelegtem Deckel köcheln lassen, bis die Flüssigkeit verdampft ist. In den letzten Minuten Thymian untermischen. Das Garen dauert je nach Dicke ca. 20 Minuten.

Währenddessen den Backofen auf 80 °C vorheizen. Die Entenbrüste unter kaltem Wasser abspülen, gründlich trocken tupfen und von etwaigen Silberhäuten befreien. Mit Salz und Pfeffer einreiben. Eine Pfanne erhitzen und das Fleisch mit der Fettseite nach unten hineingeben, bei mittlerer Hitze ca. 8 Minuten braten, wenden und auf der Fleischseite in ca. 7 Minuten fertig braten. Die Entenbrüste anschließend 5 Minuten im Ofen ruhen lassen.

Während die Entenbrüste garen, für die Soße Butter zerlassen. Zwiebel und Knoblauch darin andünsten. Honig einrühren und kurz karamellisieren lassen. Dann alles mit Portwein, Grand Marnier und dem ausgepressten Orangensaft ablöschen. Thymian und Sternanis zugeben und die Soße ca. 15 Minuten offen bei mittlerer Hitze um die Hälfte reduzieren lassen. Anschließend Speisestärke mit etwas kaltem Wasser glatt rühren und die köchelnde Soße damit binden. Die Gewürze entfernen, Zitronensaft und Orangenabrieb untermischen und die Soße mit Salz und Pfeffer abschmecken. Die Orangenfilets zugeben und in der Soße erwärmen.

Die Entenbrüste in dünne Scheiben schneiden. Reis, Möhren und Ente auf Tellern anrichten und mit der Soße servieren.

Rehmedaillons mit Pfifferlingen

FÜR 4 PORTIONEN
HAUPTSPEISE

8 Rehmedaillons à ca. 80 g
2 Schalotten
1 Knoblauchzehe
50 g durchwachsener Räucherspeck
500 g Pfifferlinge
4 Stängel glatte Petersilie
1 EL Butterschmalz
Salz
frisch gemahlener schwarzer Pfeffer
1 EL Butter
150 ml Weißwein
200 g Crème fraîche
1 Prise Zucker

Die Rehmedaillons Zimmertemperatur annehmen lassen. Den Backofen auf 160 °C vorheizen. Schalotten und Knoblauch schälen und fein hacken. Den Speck klein würfeln. Die Pfifferlinge putzen, größere Exemplare halbieren oder vierteln. Die Petersilie abbrausen, trocken schütteln, Blättchen abzupfen und fein hacken.

Butterschmalz in einer Pfanne zerlassen. Die Medaillons darin pro Seite ca. 25 Sekunden scharf anbraten, bis sie etwas Farbe bekommen haben (auch die Ränder kurz anbraten). Dann nebeneinander in eine Auflaufform legen und mit Salz und Pfeffer würzen. Die Medaillons im heißen Ofen in 8–12 Minuten je nach Dicke fertig garen. Sie sollten innen schön rosa sein.

Inzwischen die Butter in derselben Pfanne zerlassen und darin Schalotten, Knoblauch und Speck 2 Minuten andünsten. Dann die Pilze zugeben und 4 Minuten mitbraten. Alles mit Wein ablöschen, diesen kurz einkochen lassen, dann Crème fraîche einrühren. Die Pfifferlinge mit Salz, Pfeffer und Zucker abschmecken und mit der Petersilie mischen. Medaillons mit Pfifferlingen anrichten und sofort servieren.

Dazu passen knusprige Kartoffelspalten aus dem Ofen oder Knödel.

Warme Schokoküchlein mit Rotweinbirnen

FÜR 8 KÜCHLEIN (∅ 6 CM)
DESSERT

FÜR DIE ROTWEINBIRNEN:
60 g Zucker
400 ml Rotwein
4 kleine feste Birnen
1 TL Zimt
1 Pck. Bourbon-Vanillezucker
1 kleiner Zweig Rosmarin
2 ½ TL Speisestärke

FÜR DIE SCHOKOKÜCHLEIN:
120 g Butter
200 g Halbbitterschokolade (50 % Kakaoanteil)
3 Eier
60 g Zucker
1 Pck. Bourbon-Vanillezucker
2 EL Mehl
2 EL Kakaopulver
½ TL Backpulver
1 Prise Salz

AUßERDEM:
Butter und Kakaopulver für die Förmchen
Puderzucker zum Bestäuben

Für die Rotweinbirnen Zucker in einem weiten Topf bei geringer bis mittlerer Hitze hellbraun karamellisieren lassen. Mit Wein ablöschen (Vorsicht, das spritzt!) und alles köcheln lassen, bis sich das Karamell gelöst hat. Inzwischen Birnen schälen, vierteln, vom Kerngehäuse befreien und in ca. 1 cm dicke Spalten schneiden. Birnen, Zimt, Vanillezucker und Rosmarin zur Rotweinmischung geben. Birnen bei mittlerer Hitze in ca. 6 Minuten weich dünsten. Mit einem Schaumlöffel aus dem Sud heben und auf einen tiefen Teller geben. Rosmarin entfernen. Stärke mit etwas kaltem Wasser glatt rühren und in den Rotweinsud geben. 3 Minuten köcheln lassen, bis der Sud leicht eindickt. Herd ausstellen. Birnen wieder zugeben und im Sud mind. 2 Stunden ziehen und abkühlen lassen.

Für die Küchlein den Ofen auf 210 °C vorheizen. Acht kleine Backförmchen aus Silikon (∅ ca. 6 cm; alternativ ein Muffinblech oder kleine ofenfeste Tassen) gründlich fetten und mit Kakao ausstäuben. Butter in einem kleinen Topf zerlassen. Währenddessen Schokolade in Stücke brechen. Herd ausstellen und Schokolade unter Rühren in der flüssigen, heißen Butter schmelzen. Die Mischung abkühlen lassen.

Eier, Zucker und Vanillezucker in 3 Minuten dick-schaumig schlagen. Dann die abgekühlte Schokoladenbutter langsam unterrühren. Mehl, Kakao, Backpulver und Salz vermengen und behutsam unterheben. Den Teig in die Förmchen geben, sodass sie drei viertel gefüllt sind.

Die Schokoküchlein ca. 9 Minuten backen, sie sollen noch einen flüssigen Kern haben. Aus dem Ofen nehmen, nur kurz abkühlen lassen, dann sofort auf Dessertteller stürzen und mit Puderzucker bestäuben. Die Rotweinbirnen mit dem Sud daneben anrichten. Die Küchlein warm servieren.

Weißes Schokoparfait mit Cranberrys und Pistazien

Für das Parfait die Schokolade in Stücke brechen und in einem heißen Wasserbad schmelzen. Die Sahne steif schlagen. Vanilleschote aufschlitzen und das Mark herauskratzen. Kokosmilch, Vanillemark und Salz unter die Sahne rühren. Geschmolzene Schokolade esslöffelweise unterrühren. Anschließend die Hälfte der Cranberrys und Pistazien unterheben. Die Form sorgfältig mit Frischhaltefolie auslegen und die Schokomasse einfüllen. Mit der überstehenden Folie abdecken und über Nacht einfrieren.

Für die Cranberrysoße die Beeren mit Zucker, Orangensaft und Kokosmilch (bis auf 2 Esslöffel) in einem Topf aufkochen und ca. 5 Minuten köcheln lassen. Die Speisestärke mit den 2 Esslöffeln Kokosmilch glatt rühren und die Mischung dann zu den Beeren geben. Alles unter Rühren weitere 2 Minuten köcheln lassen. Anschließend fein pürieren und die Soße durch ein Sieb streichen, um Schalen und Kerne zu entfernen.

Schokoparfait vorsichtig aus der Form auf eine Platte stürzen und die Folie abziehen. Mit Soße, restlichen Cranberrys und Pistazien und nach Belieben mit Minze garniert servieren.

FÜR 6–8 PORTIONEN BZW. 1 KASTENFORM (25 CM)
DESSERT

FÜR DAS PARFAIT:
300 g weiße Schokolade
250 ml Sahne
1 Vanilleschote
100 ml Kokosmilch
1 Prise Meersalz
60 g getrocknete Cranberrys, gehackt
40 g gehackte Pistazienkerne

FÜR DIE CRANBERRYSOßE:
450 g frische oder TK-Cranberrys (alternativ TK-Beerenmischung mit Cranberrys)
75 g brauner Zucker
4 EL Orangensaft
150 ml Kokosmilch
½ TL Speisestärke

AUßERDEM:
Minze zum Garnieren nach Belieben

B
BESINNLICHKEIT
24
SATURDAY
DECEMBER
hristmas
HE WILD

ZWISCHEN DEN JAHREN

LEICHT & LECKER

INNEHALTEN

Winter-Obstsalat mit karamellisierten Walnüssen

FÜR 4–6 PORTIONEN

FÜR DEN OBSTSALAT:
120 ml Orangensaft
2 TL Honig
je 1 großer grüner und
1 roter Bio-Apfel
1 Birne
4 Feigen
6 getrocknete Medjool-Datteln, entsteint
4 Mandarinen

FÜR DIE NÜSSE:
1 EL Butter
3 EL Zucker
100 g Walnusskerne

Für den Obstsalat den Orangensaft mit dem Honig in einer großen Schüssel verrühren. Äpfel waschen, trocken tupfen, vierteln und vom Kerngehäuse befreien. Mit Schale in 1 cm große Würfel schneiden. Die Birne schälen, vierteln, vom Kerngehäuse befreien und ebenfalls klein würfeln. Äpfel und Birne zum Orangensaft in die Schüssel geben und vermengen. Die Feigen waschen, putzen und achteln. Die Datteln fein hacken. Die Mandarinen schälen und in einzelne Spalten teilen. Feigen, Datteln und Mandarinen in die Schüssel geben und den Salat mind. 30 Minuten ziehen lassen.

Für die Nüsse Butter und Zucker in einer Pfanne erhitzen, bis sich der Zucker gelöst hat und hellbraun karamellisiert. Dann die Nüsse zugeben und unter häufigem Wenden ca. 5 Minuten bei geringer Hitze karamellisieren. Aufpassen, dass sie nicht anbrennen. Dann auf einem Bogen Backpapier erkalten lassen. Anschließend grob hacken.

Den Obstsalat auf kleine Schälchen verteilen und mit den karamellisierten Nüssen bestreut servieren.

Nach Belieben einen kleinen Klecks Vanillesahne obenauf geben.

Warmer Dattel-Blaubeer-Smoothie

Die Banane schälen und grob zerteilen. Blaubeeren verlesen und vorsichtig waschen. Die Früchte mit Mandelmilch, Datteln, Zimt und Salz in einen Mixer geben und cremig pürieren.

Den Smoothie anschließend durch ein feines Sieb passieren und in einen Topf umfüllen, dann bei niedriger Temperatur erhitzen (nicht kochen!). Den Smoothie nach Belieben mit Ahornsirup süßen, auf zwei Gläser verteilen und warm genießen.

★ Wer es üppiger mag, schlägt etwas Sahne steif und gibt sie auf den warmen Smoothie im Glas. Mit Ahornsirup beträufelt und mit Zimt bestäubt sofort servieren.

FÜR 2 PORTIONEN

1 große reife Banane
150 g TK-Blaubeeren
250 ml Mandelmilch
3–4 getrocknete Medjool-Datteln, entsteint
1 Prise Zimt
1 Prise Salz

AUßERDEM:

Ahornsirup zum Süßen nach Belieben

Zucchini-Omelett mit Schinken, Spinat und Ricotta

FÜR 4 PORTIONEN

2 Baby-Zucchini (ca. 300 g)
8 Eier
Salz
frisch gemahlener schwarzer Pfeffer
80 g gehäutete, geröstete Paprikaschoten (Glas)
100 g Blattspinat
1 EL Balsamicoessig
7 EL Olivenöl
½ TL Honig
¼ TL getrockneten Thymian
8 dünne Scheiben Schwarzwälder Schinken
120 g Ricotta
2 EL rotes Pesto (Glas)

AUßERDEM:
Thymian zum Bestreuen nach Belieben

Zucchini waschen, putzen und längs in sehr feine Scheiben schneiden. Die Eier in einer Schüssel gründlich verquirlen und mit Salz und Pfeffer würzen. Paprika abtropfen lassen und fein würfeln. Spinat verlesen, waschen und trocken schleudern. Essig und 3 Esslöffel Olivenöl mit Honig verrühren und mit Salz, Pfeffer und Thymian würzen. Beiseitestellen.

Den Ofen auf 80 °C vorheizen. In einer großen beschichteten Pfanne 2 Esslöffel Öl erhitzen, dann die Hälfte der Zucchinischeiben darin auslegen und ca. 4 Minuten bei mittlerer Hitze von beiden Seiten anbraten. Die Hälfte der Eiermasse zugeben und in ca. 5 Minuten stocken lassen. Dann 4 Scheiben Schinken auf dem Omelett verteilen. Die Hälfte des Ricottas in kleinen Häufchen und die Hälfte der Paprikawürfel daraufgeben und 1 Esslöffel Pesto darüber verteilen. Das Omelett zusammenklappen und zugedeckt auf der ausgeschalteten Herdplatte ca. 3 Minuten ruhen lassen. Anschließend aus der Pfanne heben und im Ofen warm halten. Auf die gleiche Art und Weise ein zweites Omelett backen.

Den Spinat mit dem Dressing mischen und auf vier Teller verteilen. Die Omeletts darauf anrichten und nach Belieben mit Thymian bestreuen.

Möhren-Cashew-Vollkornbrot

Die Möhren putzen, schälen und fein reiben. (Benötigt werden ca. 125 g Möhrenraspel.) Die Cashewkerne hacken.

Beide Mehlsorten in einer Schüssel mit dem Salz vermengen. Die Hefe zerbröseln und in lauwarmem Wasser auflösen. Das Hefewasser mit Möhren, Orangensaft, Öl und Ahornsirup zum Mehl geben und alles ca. 5 Minuten verkneten. Ist der Teig zu klebrig, mehr Mehl unterkneten. Ist er zu trocken, mehr Wasser einarbeiten. Dann die Cashewkerne untermengen. Die Schüssel mit Frischhaltefolie abdecken und den Teig ca. 1 ½ Stunden bei Zimmertemperatur gehen lassen.

Den Teig auf der bemehlten Arbeitsfläche rundwirken, d. h. zu einem runden Laib formen, auf ein mit Backpapier ausgelegtes Blech setzen, auf der Oberfläche kreuzweise einschneiden, abdecken und nochmals 15 Minuten gehen lassen.

Ein mit Wasser gefülltes ofenfestes Schälchen auf den Boden des Ofens stellen und diesen auf 225 °C vorheizen. (Der Wasserdampf sorgt beim Backen für eine schöne Kruste.) Das Brot 10 Minuten backen. Dann das Schälchen entfernen und die Ofentemperatur auf 210 °C reduzieren. Das Brot in weiteren 20–25 Minuten fertig backen. Sollte es zu stark bräunen, im letzten Backdrittel locker mit Alufolie abdecken und ggf. auf die unterste Schiene setzen. Das Brot anschließend vor dem Anschneiden auf einem Gitter komplett auskühlen lassen.

FÜR 1 KLEINES BROT

200 g Möhren (ungeputzt gewogen)
80 g ungesalzene Cashewkerne
200 g Weizenvollkornmehl plus ggf. etwas mehr
100 g Dinkelmehl plus ggf. etwas mehr
1 TL Salz
10 g Hefe
50 ml lauwarmes Wasser plus ggf. etwas mehr
50 ml Orangensaft
2 EL Rapsöl
1 TL Ahornsirup

AUßERDEM:

Mehl für die Arbeitsfläche

Besonders köstlich schmeckt dazu gesalzene Butter.

Fruchtiger Endiviensalat mit Blutorange und Feta

FÜR 4 PORTIONEN

FÜR DEN SALAT:
1 Kopf Endiviensalat (alternativ Lollo rosso oder Lollo bianco)
1 große Blutorange
200 g Schafskäse (Feta)
50 g Pinienkerne
1 große reife Avocado
frisch gemahlener schwarzer Pfeffer

FÜR DAS DRESSING:
2 EL Zitronensaft
½ EL Balsamico Bianco
1 TL getrockneter Thymian
1–2 TL Honig
6 EL Olivenöl
Salz
frisch gemahlener schwarzer Pfeffer

Den Salat putzen, in einzelne Blätter zerteilen, waschen und gut trocken schleudern. Die Blätter in mundgerechte Stücke zupfen. Blutorange schälen und filetieren. Die einzelnen Filets halbieren. Den Schafskäse würfeln oder zerbröseln. Die Pinienkerne in einer Pfanne ohne Fett unter häufigem Rühren goldbraun rösten. Aufpassen, dass sie nicht verbrennen.

Für das Dressing Zitronensaft, Balsamico, Thymian und 1 Teelöffel Honig in einer Schüssel verrühren. Das Olivenöl nach und nach unterschlagen und alles mit Salz, Pfeffer und nach Belieben weiterem Honig abschmecken.

Die Avocado halbieren und entsteinen. Das Fruchtfleisch aus der Schale lösen und würfeln. Alle Salatzutaten auf vier tiefen Tellern anrichten, mit Pfeffer bestreuen und mit Dressing beträufeln. Vorsichtig vermengen und sofort servieren.

Bandnudeln mit Spitzkohl und Chili

FÜR 4 PORTIONEN

600 g Spitzkohl
Salz
80 g Parmaschinken in Scheiben
80 g Parmesan
40 g Kapern (Glas)
4 Stängel Basilikum
250 ml Sahne
200 g Crème fraîche
100 ml Gemüsebrühe
Abrieb von ½ kleinen Bio-Zitrone
Chiliflocken
400 g Bandnudeln
4 EL Olivenöl

Den Backofen auf 180 °C Umluft vorheizen und ein Blech mit Backpapier auslegen. Den Spitzkohl putzen, waschen, abtropfen lassen und in 2 cm breite Streifen schneiden. Salzwasser in einem Topf aufkochen und die Kohlstreifen darin 3 Minuten blanchieren. Anschließend in ein Sieb abgießen, abschrecken und gut abtropfen lassen.

Den Parmaschinken auf dem Backblech verteilen und in ca. 10 Minuten im Ofen knusprig backen. Abkühlen lassen, dann grob zerkleinern. Inzwischen den Parmesan fein reiben. Die Kapern abgießen und abtropfen lassen. Basilikum abbrausen, trocken schütteln und die Blättchen abzupfen.

Sahne, Crème fraîche, Gemüsebrühe und Zitronenabrieb in einem kleinen Topf aufkochen und mit Salz und Chiliflocken würzen.

Die Bandnudeln in einem großen Topf nach Packungsanweisung in reichlich kochendem Salzwasser al dente garen. Inzwischen 2 Esslöffel Olivenöl in einer Pfanne erhitzen und die Hälfte des Spitzkohls darin ca. 4 Minuten scharf anbraten, bis er leicht gebräunt ist. Herausnehmen und mit der anderen Hälfte genauso verfahren. Die Nudeln abgießen, dabei 1 große Kelle Kochwasser auffangen. Die Nudeln mit dem Kochwasser zurück in den Nudeltopf geben. Spitzkohl, Kapern und Sahnemischung zugeben und alles einmal kurz aufkochen. Dann die Hälfte des Parmaschinkens und des Parmesans unterrühren.

Die Nudeln auf Teller verteilen und mit dem restlichen Parmaschinken, dem übrigen Parmesan, den Basilikumblättern und etwas Chiliflocken bestreut servieren.

Kindheitserinnerungen

Joachim Ringelnatz

Der Weihnachtsbescherung gingen besondere intime, überlieferte oder eingeführte Gebräuche, Scherzchen und Sentimentalitäten voraus, und ebensolche familiär geheiligte Bräuche folgten.

Es liegt mir fern, mich darüber lustig zu machen. Ich will nur hier auf das in allen Variationen so oft geschilderte Thema nicht weiter eingehen. Weihnachten war auch uns Kindern in jedem Jahr das Fest der Seligkeit, der Herzlichkeit, der Anhänglichkeit, des Reichtums, des Glücks.

Und zu Silvester kriegten wir Pfannkuchen, durften Punsch trinken und um Mitternacht leicht angeheitert am offenen Fenster lauschen. Draußen, drunten läuteten die Glocken, rief man »Prost Neujahr«, knallte Feuerwerk. Auch wir durften einmal mutig, als wär's was, aus dem Fenster brüllen: »Prost Neujahr!«

Zu Weihnachten erhielt Ottilie von Onkel Martin entzückende, weiße, prachtvoll bestickte Seide für ein Kleid. Ich warf ein glühendes Streichholz auf den Stoff und hinderte meine Schwester gewaltsam, das zu entfernen. Auf ihr Gezeter sprangen Mutter und Bruder hinzu. Sie entdeckten, daß mein Streichholz ein angekohltes, aber längst ausgekohltes Zündholz war. An der Stelle, wo Verkohlt und Unverbrannt sich trafen, hatte ich einen schmalen roten Stanniolstreifen um das Hölzchen gewunden.

Der wirkte in der Kerzenbeleuchtung wie Glut. Ich freute mich meiner kleinen Erfindung. ★

Kürbis-Kartoffel-Gratin mit Ziegenkäse

FÜR 4 PORTIONEN

700 g vorwiegend festkochende Kartoffeln
350 g Hokkaidokürbis (geputzt, mit Schale gewogen)
Salz
frisch gemahlener schwarzer Pfeffer
125 ml Sahne
125 ml Milch
frisch geriebene Muskatnuss
1 Prise Zimt
175 g Ziegencamembert
40 g Walnusskerne
1 ½ TL Thymian
1 EL kalte Butter

Den Backofen auf 180 °C vorheizen. Kartoffeln schälen, waschen und in sehr dünne Scheiben hobeln. Kürbis putzen und waschen, das Fruchtfleisch ebenfalls sehr fein hobeln.

Kartoffeln und Kürbis abwechselnd dachziegelartig in vier kleine feuerfeste Formen (⌀ ca. 15 cm) schichten. Jede Schicht mit Salz und Pfeffer würzen. Sahne und Milch mit etwas Salz, Pfeffer, Muskat und Zimt verrühren und in die Formen gießen.

Den Ziegencamembert fein würfeln. Die Walnusskerne hacken, beides mit Thymian vermengen und auf der Kürbismischung in den jeweiligen Formen verteilen. Die Butter in Flöckchen obenauf setzen. Die Gratins 40–45 Minuten im heißen Ofen backen, bis das Gemüse gar ist. Nach Belieben in den letzten Minuten die Grillfunktion zuschalten, damit die Oberfläche schön braun und knusprig wird. Vor dem Servieren mind. 10 Minuten abkühlen lassen.

Schwedische Buttermilch-Zimt-Brötchen

Den Backofen auf 225 °C vorheizen, ein Blech mit Backpapier auslegen. Die Vanilleschote aufschlitzen und das Mark herauskratzen. Mehl, Zucker, Backpulver, Salz, Zimt, Kardamom und Vanillemark vermengen. Die Butter in kleine Stücke schneiden und mit den Händen in die Mehlmischung einarbeiten, bis ein krümeliger Teig entsteht. Dann Buttermilch und Ei zugeben und alles mit den Knethaken des Handrührgeräts glatt kneten. Die Schokoladenstücke untermengen.

Den Teig auf der bemehlten Arbeitsfläche gleichmäßig ca. 2,5 cm dick flach drücken. Daraus Kreise (⌀ ca. 6 cm) ausstechen. Teigreste erneut zusammenkneten, flach drücken, weitere Kreise ausstechen und auf dem Blech verteilen. Das Ei mit der Milch verquirlen und die Teigkreise damit bepinseln. Zucker mit Zimt und Kardamom mischen und daraufstreuen. Die Brötchen in ca. 14 Minuten im Ofen goldbraun backen.

FÜR CA. 10 STÜCK

1 Vanilleschote
425 g Mehl
50 g Zucker
1 ½ TL Backpulver
¼ TL Salz
¼ TL Zimt
¼ TL gemahlener Kardamom
100 g kalte Butter
150 ml Buttermilch
1 Ei
80 g Zartbitterschokolade, gehackt (alternativ Chocolate Chunks)

AUßERDEM:

Mehl für die Arbeitsfläche
1 Ei
1 EL Milch
2 EL brauner Zucker
½ TL Zimt
¼ TL gemahlener Kardamom

Für die schönste Zeit im Jahr!

RPM
WATER

NEUBEGINN

SCHWUNGVOLL INS NEUE JAHR

KLASSIKER & COCKTAILS FÜR SILVESTER

Heringssalat mit Roter Bete

FÜR 4 PORTIONEN

FÜR DEN SALAT:
250 g Bismarckheringe (Glas; Abtropfgewicht)
1 großer Apfel (ca. 175 g)
10 Cornichons (Glas)
1 Schalotte

FÜR DAS DRESSING:
½ Bund Dill
100 g saure Sahne
100 g Crème fraîche
1 ½ TL Dijonsenf
1 EL Rapsöl
1 EL Weißweinessig
Salz
frisch gemahlener schwarzer Pfeffer
1 TL Zucker

AUßERDEM:
250 g vorgegarte Rote Bete
2 hart gekochte Eier nach Belieben, halbiert

Für den Salat die Heringe kalt abspülen, trocken tupfen und in kleine Würfel schneiden. Den Apfel schälen, vierteln, vom Kerngehäuse befreien und fein würfeln. Die Cornichons abtropfen lassen und in feine Scheiben schneiden. 4 Esslöffel Cornichonwasser aus dem Glas entnehmen und für das Dressing beiseitestellen. Die Schalotte schälen und in feine Streifen schneiden. Alle vorbereiteten Zutaten bis auf das Cornichonwasser in eine Schüssel geben.

Für das Dressing den Dill abbrausen, trocken schütteln, die Blättchen abzupfen und hacken. Saure Sahne, Crème fraîche, Senf, Cornichonwasser, Öl und Essig glatt rühren. Die Mischung mit ½ Teelöffel Salz, etwas Pfeffer und Zucker würzen. Den Dill untermischen und das Dressing erneut mit Salz und Pfeffer abschmecken.

Das Dressing vorsichtig unter den Heringssalat mischen. Abgedeckt mind. 2 Stunden, besser über Nacht, im Kühlschrank durchziehen lassen.

Die Rote Bete (am besten mit Einweghandschuhen) in feine Streifen reiben. Den Salat mit der Roten Bete und nach Belieben mit halbierten Eiern servieren.

Fondue mit dreierlei Soßen

FÜR 6 PERSONEN

FÜR DIE KNOBLAUCH-JOGHURT-SOßE:
3 Knoblauchzehen
2 Stängel Petersilie
200 g Joghurt
100 g saure Sahne
100 g Mayonnaise
2 TL Dijonsenf
1 TL Weißweinessig
Salz, Pfeffer
1–2 TL Honig

FÜR DIE BALSAMICO-SCHALOTTEN-SOßE:
400 g Schalotten
2 Zweige Thymian
1 EL Rapsöl
1 EL Butter
70 g Zucker
150 ml Balsamicoessig
400 ml Rinderfond
Salz, Pfeffer

FÜR DIE CURRYSOßE:
250 g Mayonnaise
150 g Joghurt
4 EL Aprikosenkonfitüre
2 EL Weißweinessig
2 TL Zucker
4 TL Currypulver
1 TL gemahlene Kurkuma
2 Knoblauchzehen
Salz, Pfeffer

FÜR DAS FLEISCH:
1,2 kg Fleisch (Rinder-, Lamm- oder Schweinefilet und/oder Hähnchenbrust)
1,2 l neutrales Pflanzenöl zum Frittieren (alternativ Brühe)
Salz, Pfeffer

AUßERDEM:
Beilagen nach Wunsch (z. B. Kürbis, Silberzwiebeln und kleine rote Zwiebeln)

Für die Knoblauchsoße den Knoblauch schälen und durch die Presse drücken. Petersilie abbrausen, trocken schütteln und Blättchen sehr fein hacken. Alle Zutaten verrühren. Die Soße mit Salz, Pfeffer und Honig abschmecken.

Für die Balsamico-Schalotten-Soße die Schalotten schälen und längs vierteln. Thymian abbrausen, trocken schütteln und Blättchen fein hacken. Öl und Butter in einer Pfanne erhitzen. Die Schalottenviertel darin von allen Seiten anbraten. Thymian untermischen und Schalotten mit Zucker bestreuen. Unter Rühren leicht karamellisieren lassen. Dann alles mit Essig und Fond ablöschen, aufkochen und die Soße bei geringer bis mittlerer Hitze unter gelegentlichem Rühren in 15–20 Minuten reduzieren lassen. Mit Salz und Pfeffer würzen.

Für die Currysoße Mayonnaise mit Joghurt, Konfitüre, Essig, 1 Teelöffel Zucker, Curry und Kurkuma verrühren. Den Knoblauch schälen, durch die Presse drücken und unterrühren. Die Soße mit Salz, Pfeffer und Zucker abschmecken.

Das Fleisch Zimmertemperatur annehmen lassen, gut trocken tupfen und in mundgerechte Würfel schneiden. Den Fonduetopf zur Hälfte mit Öl füllen und dieses erhitzen. Das Fleisch aufspießen und portionsweise darin garen. Auf Tellern anrichten, salzen und pfeffern und mit den Soßen und Beilagen nach Wunsch servieren.

Happy New Year
Happy New Year

Pizza-Raclette

FÜR 8 PERSONEN

FÜR DEN TEIG:
200 g Weizenmehl
100 g Weizenvollkornmehl
½ TL Salz
12 g Hefe
1 Prise Zucker
160 ml lauwarmes Wasser
2 ½ EL Olivenöl

FÜR DIE SOßE:
1 Zwiebel
1 Knoblauchzehe
1 EL Olivenöl
1 EL Tomatenmark
50 ml Rotwein
500 g passierte Tomaten
1 Lorbeerblatt
1 TL getrockneter Oregano
Salz, Pfeffer
Zucker

FÜR DEN BELAG NACH WAHL:
Paprika in Streifen
Jalapeños in Scheiben
Champignons in Scheiben
rote Zwiebelringe
schwarze Oliven in Ringen
Salami in kleinen, dünnen Scheiben
gewürfelter Kochschinken
abgetropfte Ananaswürfel
Mozzarella in Scheiben
geriebener Mozzarella
gehobelter Parmesan
Basilikumblättchen
Rucola
Pfeffer
Olivenöl zum Beträufeln

AUßERDEM:
Mehl für die Arbeitsfläche
Olivenöl für das Tablett

Für den Teig beide Mehle in einer Schüssel mit Salz vermengen. In die Mitte eine Mulde drücken. Die zerbröselte Hefe mit Zucker im lauwarmen Wasser auflösen. Hefewasser mit Öl in die Mulde gießen und alles mit den Knethaken des Rührgeräts in 5 Minuten zu einem geschmeidigen, elastischen Teig verarbeiten. Die Schüssel mit Frischhaltefolie abdecken und den Teig 2 Stunden bei Zimmertemperatur gehen lassen.

Für die Soße Zwiebel und Knoblauch schälen und fein hacken. Öl in einem Topf erhitzen und beides darin bei mittlerer Hitze 5 Minuten anschwitzen. Tomatenmark einrühren und kurz anrösten. Mit Wein ablöschen, kurz reduzieren lassen. Tomaten einrühren. Lorbeer und Oregano zufügen und die Soße aufkochen. Bei mittlerer Hitze ca. 30 Minuten offen köcheln lassen, bis sie leicht eingedickt ist. Mit Salz, Pfeffer und Zucker würzen. Lorbeer entfernen.

Den Teig auf der bemehlten Arbeitsfläche erneut durchkneten und zu 25 g schweren Bällchen formen. Ein Tablett mit etwas Olivenöl bepinseln und die Bällchen daraufsetzen. Bis zur Verwendung mit Frischhaltefolie abdecken, damit der Teig nicht austrocknet.

Alle Zutaten für den Belag in Schälchen bereitstellen und ein Raclette-Gerät vorheizen. Jeweils ein Teigbällchen in einem Pfännchen flach drücken, sodass dieses gleichmäßig und komplett damit belegt ist. Dann für ca. 5 Minuten oben auf das heiße Gerät stellen und den Teig vorbacken. Pfännchen anschließend für 2 Minuten ins Raclette-Gerät stellen, damit der Teig auch von oben vorbackt. Den Teig dann mit etwas Soße bestreichen und nach Wahl belegen. Dann die Pizza im Raclette-Gerät fertig backen, bis die Oberfläche schön gebräunt ist.

Zupfbrot mit Gruyère, Knoblauch und Rosmarin

FÜR 1 KASTENFORM (25 CM)

FÜR DEN TEIG:
450 g Mehl
50 g gemahlene blanchierte Mandeln
1 TL Salz
300 ml Milch
20 g Hefe
1 TL Honig
80 g weiche Butter

FÜR DIE FÜLLUNG:
6 große Zweige Rosmarin
2 Knoblauchzehen
100 g weiche Butter
Salz
frisch gemahlener schwarzer Pfeffer
100 g Gruyère

AUßERDEM:
Butter für die Form
Mehl für die Form und die Arbeitsfläche

Für den Teig Mehl mit Mandeln und Salz in einer Schüssel vermengen. Milch in einem kleinen Topf lauwarm (nicht heißer!) erwärmen. Die Hefe hineinbröseln, gut verrühren und die Flüssigkeit mit Honig und Butter zur Mehlmischung geben. Alles in 5 Minuten zu einem geschmeidigen Teig verkneten. Mit Frischhaltefolie abdecken und 1 ½ Stunden bei Zimmertemperatur gehen lassen.

Für die Füllung Rosmarin abbrausen, trocken schütteln, die Nadeln abzupfen und fein hacken. Knoblauch schälen und durch die Presse drücken. Butter weiß-cremig aufschlagen. Rosmarin, Knoblauch, Salz und Pfeffer unterrühren. Gruyère fein reiben.

Die Form buttern und mit Mehl ausstreuen. Den Teig auf der bemehlten Arbeitsfläche zu einem Quadrat (ca. 45 x 45 cm) ausrollen. Die Rosmarinbutter gleichmäßig auf dem Teig verstreichen, dann mit 80 g Gruyère bestreuen. Den Teig quer in sechs gleich breite Streifen schneiden. Dann das Quadrat längs halbieren, sodass zwölf Teigstreifen entstehen. Jeweils drei Streifen übereinanderlegen und dritteln. So entstehen insgesamt zwölf kleine gestapelte Quadrate (aus je drei Teigschichten) von ca. 7 cm. Die Form senkrecht stellen und die Quadrate hineinlegen (mit den nicht bestrichenen Seiten an die zwei schmalen Außenwände), dann die Form wieder auf ihren Boden stellen und die Teigstücke etwas auseinanderziehen. Alles mit dem restlichen Gruyère bestreuen. Die Form mit Frischhaltefolie abdecken und den Teig erneut 30 Minuten gehen lassen.

Den Ofen auf 180 °C vorheizen. Das Brot in 35–40 Minuten goldbraun backen. Nach ca. 20 Minuten locker mit Alufolie abdecken und auf die untere Schiene setzen, damit es nicht zu stark bräunt. Mind. 15 Minuten in der Form abkühlen lassen, dann vorsichtig stürzen. Löst es sich nicht sofort, mit einem dünnen, scharfen Messer vorsichtig am Rand entlangfahren.

Die vier Kerzen

Volksgut

Vier Kerzen brannten am Adventskranz.

Es war ganz still. So still, dass man die Kerzen reden hörte.

Die erste Kerze seufzte:

»Ich heiße Frieden. Ich möchte für die Menschen leuchten. Aber mein Licht hat keine Kraft mehr. Die Menschen halten keinen Frieden. Es scheint, als wollten sie mich nicht.« Ihr Licht wurde immer kleiner und erlosch.

Die zweite Kerze flackerte auf und sagte:

»Ich heiße Glauben. Ich möchte für die Menschen leuchten. Aber es ist, als ob ich überflüssig geworden wäre. Die Menschen fragen nicht mehr nach mir. Es hat keinen Sinn mehr, dass ich brenne.« Ein Luftzug wehte durch den Raum und die zweite Kerze erlosch.

Leise und traurig meldete sich nun die dritte Kerze zu Wort:

»Ich heiße Liebe. Ich möchte für die Menschen leuchten. Aber auch meine Kraft schwindet dahin. Die Menschen stellen mich auf die Seite. Sie sehen nur sich selbst, nicht die andern. Für die Liebe haben sie immer weniger Zeit und Platz. So muss mein Licht ersticken.«

Und mit einem letzten Aufflackern erlosch auch das dritte Licht.

Da kam ein Kind in den Raum. Es sah die Kerzen und erschrak: »Aber warum brennt ihr denn nicht mehr? Ihr solltet doch leuchten!« Das Kind wurde sehr traurig. Da tanzte der Lichtschein der vierten Kerze, und sie sprach:

»Hab keine Angst und sei nicht traurig. Mein Licht brennt noch für die Menschen. Solange ich brenne, können wir auch die andern drei Kerzen wieder anzünden. Denn ich heiße Hoffnung.«

Da nahm das Kind Licht von dieser Kerze und zündete die andern wieder an. ★

Käseplatte mit Feigensenf

FÜR 6 PORTIONEN

FÜR DEN FEIGENSENF:
4–5 frische Feigen (ca. 275 g)
2 EL Portwein
75 ml trockener Rotwein
85 g Gelierzucker 3:1
40 g Dijonsenf
1 TL Zitronensaft
1 Prise Zimt
Salz
frisch gemahlener
schwarzer Pfeffer

FÜR DIE KÄSEPLATTE (INSGESAMT CA. 600 G, KÄSESORTEN NACH WUNSCH, Z. B.):
Blauschimmelkäse
Ziegenkäserolle
würziger Bergkäse
Camembert

AUßERDEM NACH BELIEBEN:
Weintrauben
2 Birnen, in Spalten
frische Feigen, geachtelt
frisches Baguette

Für den Feigensenf die Früchte schälen und mit Portwein und Rotwein fein pürieren. Das Feigenpüree in einen Topf geben und den Gelierzucker unterrühren. Alles unter stetem Rühren zum Kochen bringen und 5 Minuten sprudelnd kochen lassen. Dann den Senf unterrühren, die Mischung mit Zitronensaft und Zimt würzen und nochmals aufkochen. Den Topf vom Herd nehmen und den Feigensenf abkühlen lassen. Mit Salz und Pfeffer abschmecken.

Die verschiedenen Käsesorten Zimmertemperatur annehmen lassen. Dann nach Belieben mit Obst und Baguette auf einer großen Platte anrichten. Den abgekühlten Feigensenf in ein Schälchen geben und dazu servieren.

Mitternachtskrapfen

Mehl, Zucker, Vanillezucker und Zimt in einer Schüssel vermengen. In der Mitte eine Mulde formen. Die Hefe in die lauwarme Milch bröseln und darin auflösen. Dann die Hefemilch in die Mulde gießen und mit etwas Mehl vom Rand verrühren. Die Schüssel mit Frischhaltefolie abdecken und den Vorteig 20 Minuten bei Zimmertemperatur gehen lassen.

Inzwischen die Butter schmelzen und abkühlen lassen. Butter, Ei, Eigelb und Salz zum Vorteig geben und alles in 5 Minuten glatt verkneten. Den Teig erneut abdecken und 1 Stunde gehen lassen. Auf der leicht bemehlten Arbeitsfläche aus dem Teig Kugeln (à ca. 50 g) formen und leicht flach drücken. Diese auf einen Bogen Backpapier setzen, abdecken und noch einmal ca. 20 Minuten gehen lassen.

In einem Topf oder einer Fritteuse so viel Öl auf ca. 170 °C erhitzen, dass die Krapfen schwimmend ausgebacken werden können. Jeweils zwei Stück auf einmal hineingeben und 2–3 Minuten frittieren. Dann wenden und auch auf der anderen Seite goldbraun backen. Die Krapfen nicht zu kurz frittieren, damit sie innen gar werden. Auf Küchenpapier abtropfen und auskühlen lassen.

Die Konfitüre in einen Spritzbeutel mit langer, spitzer Tülle geben und die ausgekühlten Krapfen damit seitlich füllen. Puderzucker mit 2–3 Esslöffeln Wasser verrühren. Die Krapfen mit der Oberseite in den Guss tauchen und mit Zuckerstreuseln verzieren.

FÜR 8–10 KRAPFEN

250 g Mehl
30 g Zucker
1 Pck. Bourbon-Vanillezucker
1 TL Zimt
12 g Hefe
75 ml lauwarme Milch
50 g Butter
1 Ei
1 Eigelb
1 Prise Salz

AUßERDEM:

Mehl für die Arbeitsfläche
neutrales Pflanzenöl zum Frittieren
Lieblingskonfitüre zum Füllen
150 g Puderzucker
Zuckerstreusel zum Verzieren

Feuerzangenbowle

FÜR 6–8 PORTIONEN

2 große Bio-Orangen
2 kleine Bio-Zitronen
1,5 l trockener Rotwein
1 Zimtstange
6 Nelken
1 Stück Sternanis
1 Zuckerhut (250 g)
400 ml brauner Rum
(mind. 54 Vol.-%)

Die Zitrusfrüchte heiß abwaschen und trocken tupfen. Die Schale von 1 Orange ohne das bittere Weiße dünn abschneiden, von der anderen Orange einige dünne Scheiben abschneiden und für die Garnitur beiseitestellen. Den Saft beider Orangen auspressen. Die Zitronen halbieren und in Spalten schneiden.

Rotwein mit Zimt, Nelken, Sternanis, Orangenschale und -saft sowie den Zitronenspalten in einen Topf geben und bei geringer Hitze erwärmen. Die Mischung sollte nicht kochen. Den Topf auf ein Rechaud stellen (oder die Weinmischung vorher in ein passendes Glasgefäß umfüllen) und eine Feuerzange mit dem Zuckerhut darauflegen (alternativ den Zuckerhut auf ein Gitter über den Topf legen). Den Zuckerhut mit ca. einem Drittel des Rums tränken, dann vorsichtig mit einem langen Streichholz anzünden, sodass der schmelzende Zucker in die Bowle tropft.

Dann nach und nach den restlichen Rum mit der Schöpfkelle vorsichtig auf den Zuckerhut gießen (nie den Rum direkt aus der Flasche auf den brennenden Zuckerhut gießen!), sodass der Zuckerhut stetig weiterbrennt. Sollte die Flamme dennoch erlöschen, etwas Rum in der Schöpfkelle mit einem Streichholz anzünden und über den Zuckerhut geben. Sobald der Rum aufgebraucht und möglichst viel Zucker geschmolzen ist, die Feuerzangenbowle gut umrühren, auf Gläser verteilen, mit Orangenscheiben versehen und heiß servieren.

★ Alternativ Mini-Zuckerhüte oder Würfelzucker verwenden und mit kleinen Feuerzangen direkt auf die Gläser setzen.

Prosecco-Birnen-Cocktail

Die Birnenhälfte schälen, vom Kerngehäuse befreien und sehr fein würfeln. Nach Belieben die Gläserränder befeuchten, in den Zucker drücken und so einen Zuckerrand herstellen.

Die Birnenwürfel auf die Gläser verteilen. Dann je 2 cl Birnensaft und 2 cl Cranberrysaft zugießen. Die Cocktails mit kaltem Prosecco auffüllen und sofort servieren.

FÜR 4 PROSECCOGLÄSER

½ kleine Birne
8 cl Birnensaft, gut gekühlt
8 cl Cranberrysaft, gut gekühlt
320 ml Prosecco, gut gekühlt

AUẞERDEM:
4 Proseccogläser, gut gekühlt
Zucker zum Garnieren der Gläser nach Belieben

Gin Basil Smash

FÜR 2 TUMBLERGLÄSER

20 Basilikumblätter
4 cl Zuckersirup
4 cl Zitronensaft
12 cl Gin

AUẞERDEM:
Basilikum zum Garnieren

Basilikumblätter und Zuckersirup in einen Boston Shaker geben und zerstoßen. Zitronensaft, Gin und Eiswürfel zugeben und kräftig shaken. In zwei mit Eiswürfeln gefüllte Tumbler abseihen und mit Basilikum garnieren.

Champagner-Cocktail

FÜR 4 CHAMPAGNERGLÄSER

1 Bio-Orange
4 Zuckerwürfel
4 Spritzer Angosturabitter
4 cl Cognac
400 ml Champagner, gut gekühlt

AUSSERDEM:
4 Cocktailkirschen zum Garnieren nach Belieben

Die Orange heiß abwaschen und trocken tupfen. Dann vorsichtig 4 dünne Spiralen abschälen.

Die Zuckerwürfel auf die gekühlten Champagnergläser verteilen und mit jeweils 1 Spritzer Angostura beträufeln. Dann je 1 cl Cognac und 1 Orangenschalenspirale zugeben. Die Cocktails mit Champagner auffüllen und nach Belieben mit Cocktailkirschen garnieren. Sofort servieren. Cheers!

Rosmarin-Himbeer-Sekt

FÜR 4 CHAMPAGNERGLÄSER

1 EL Zitronensaft
15 g brauner Zucker
2 EL Himbeersirup
2 cl Gin
4 Rosmarinzweige
8 Himbeeren (TK)
400 ml trockener Sekt, gut gekühlt

Die Glasränder mit dem Zitronensaft befeuchten, in den Zucker drücken und so einen Zuckerrand herstellen.

Himbeersirup und Gin in einem kleinen Glas verrühren. Rosmarin waschen und trocken schütteln.

Den Himbeer-Gin-Sirup auf vier Gläser verteilen und jeweils 2 Himbeeren in die Gläser geben. Mit Sekt auffüllen, je einen Rosmarinzweig ins Glas geben und sofort servieren.

Die Mausefalle

Selma Lagerlöf

Im Lande lebte ein Mann, der herumzog und kleine Mausefallen aus Stahldraht verkaufte. Er erzeugte sie selbst in seinen Mußestunden. Das Material erbettelte er sich in Kramläden oder in größeren Bauernhöfen, sodass die Herstellungskosten so gering wie möglich waren. Aber das Geschäft war wohl nicht besonders ertragreich und er musste es bisweilen mit Betteln und Stibitzen probieren, um nur sein Leben zu fristen. Der Hunger leuchtete ihm aus den Augen.

Als er eines dunklen Abends unterwegs war, erblickte er eine kleine graue Hütte, die dicht am Wegesrand lag, und klopfte an, um Nachtherberge zu erbitten. Die wurde ihm auch nicht verweigert. Ja, anstatt der sauren Mienen, die ihn sonst zu begrüßen pflegten, wenn er in eine Stube kam, schien der Eigentümer, der ein freundlicher alter Mann ohne Weib und Kind war, sehr erfreut, dass jemand ihm in seiner Einsamkeit Gesellschaft leisten wollte. Vor allem aber stellte er den Breitopf auf das Feuer und bot ihm ein Abendbrot. Dann schnitt er von einer Tabakrolle so viel herunter, dass es zum Stopfen der Pfeife des Fremden und seiner eigenen langte, und schließlich nahm er ein altes Kartenspiel hervor und spielte mit dem Gast bis zur Schlafenszeit Sechsundsechzig.

So freigebig er mit Grütze und Tabak gewesen war, war er auch mit seinem Vertrauen. Noch bevor das Wasser im Kessel aufkochte, hatte der Gast schon erfahren, was für ein Mann er war und wie es ihm erging. In den Tagen seiner Kraft war er Tagelöhner auf dem Gut Ramsjö gewesen. Jetzt, wo er nicht mehr arbeiten konnte, war es seine Kuh, die ihn ernährte und maßlos viel Milch gab. Er brachte sie jeden Tag in die Meierei, und vorigen Monat hatte er ganze dreißig Kronen dafür eingeheimst. Der Alte ging zum Fenster und nahm einen Lederbeutel herunter, der an einem Nagel am Fensterkreuz hing. Er kramte drei zerknitterte Zehnkronenscheine heraus, hielt sie dem Gast vor die Augen, nickte bedeutsam und steckte sie wieder in den Beutel. Am nächsten Tag standen die beiden Männer früh auf. Sie verließen gleichzeitig das Häuschen. Der Kätner sperrte die Tür zu und steckte den Schlüssel in die Tasche. Der Mann mit der Mausefalle sagte Dankeschön und Behüt Gott, und damit wanderte jeder nach einer anderen Seite von dannen. Aber als eine halbe Stunde vergangen war, stand der zerlumpte Hausierer wieder vor dem Häuschen. Er versuchte nicht, hineinzukommen. Er ging nur zum Fenster, zerklopfte eine der Scheiben, steckte die Hand hinein und erfasste den Beutel mit dem Geld. Dann nahm er die drei Zehner heraus und steckte sie zu sich. Hierauf hängte er den Lederbeutel fein säuberlich an seinen Platz zurück und verschwand in den Wald.

Als der Mausefallenhändler mit dem Geld in der Tasche weiterwanderte, fühlte er nicht die gewohnte Genugtuung über einen gelungenen Streich. „Das ist doch ein Hundeleben“, seufzte er, „pfui Teufel, stehlen müssen, um nur am Leben zu bleiben. Es macht eigentlich nichts aus, den Bauern und den Herrschaften etwas zu stibitzen, aber wenn's über einen hergeht, der beinahe ein ebenso armer Schlucker ist wie unsereins selbst, da kriegt man einen ganz bitteren Geschmack im Mund.“ Das Unbehagen, das er empfand, wurde noch durch den Gedanken verstärkt, dass er jetzt eine Zeit lang die große Heerstraße vermeiden und sich auf einsamen Seitenwegen durch die Wälder schleichen musste, bis er in einen anderen Teil des Landes kam. Er ging und ging den ganzen Tag, ohne dass der Wald sich lichtete. Solange er konnte, hielt der Mann sich aufrecht. Schließlich sank er auf den Waldboden nieder, ganz aufgelöst vor Müdigkeit. Aber im selben Augenblick hörte er ein Geräusch. „Das ist ein Eisenhammer“, sagte er. „Hier müssen Leute in der Nähe sein.“ Mit dem Aufgebot seiner letzten Kräfte erhob er sich und begann, dem Laut nachzuwanken.
In einer der langen dunklen Nächte gerade vor Weihnachten saßen der Schmiedemeister und sein Gehilfe in der schwarzen Schmelzschmiede des Eisenwerks Ramsjö und warteten darauf, dass das Eisen, das in der Esse erhitzt wurde, weißglühend genug war, um auf den Amboss gelegt zu werden. Von Zeit zu Zeit stand einer von ihnen auf, um Kohlen in die glühende Masse zu stoßen, und kam dann nach einigen Augenblicken schweißbedeckt zurück, obwohl er nach hergebrachtem Brauch nichts anderes anhatte als ein langes Hemd und ein Paar Holzpantinen.
Die ganze Zeit war die Schmiede von Geräuschen erfüllt. So war es nicht zu verwundern, dass die Männer erst merkten, dass ein Wanderer die Tür geöffnet hatte und in die Schmiede gekommen war, als er dicht vor ihnen stand. Sicherlich war es für sie nichts Ungewohntes. Sie warfen dem Neuangekommenen nur einen gleichgültigen Blick zu, auch wandten sie weiter kein Mitleid an ihn. Der Mausefallenhändler verhielt sich still. Worauf es ihm ankam, war ja, in der Schmiede zu bleiben und sich zu wärmen. Nun geschah es, dass der Besitzer des Eisenwerks gerade jetzt in die Schmiede kam. Das Erste, was er sah, war natürlich der hochgewachsene Landstreicher, der sich so nahe dem Ofen niedergehockt hatte, dass der Dampf von seinen durchnässten Lumpen aufstieg.
Und er warf ihm nicht nur einen gleichgültigen Blick zu wie die beiden Schmiede, sondern ging dicht an ihn heran und betrachtete ihn prüfend. Und plötzlich riss er ihm den Schlapphut vom Kopf, um ihm besser in die Augen sehen zu können.

„Aber das bist du ja selbst, Niels Olof“, rief er. „Wie du aussiehst.“

Der mit den Mausefallen hatte den Gutsherrn von Ramsjö nie im Leben gesehen und wusste nicht einmal, wie er hieß. Aber er sagte sich sofort, dass, wenn dieser feine Herr ihn für einen alten Bekannten hielt, er ihm vielleicht ein paar Kronen schenken würde, und darum wollte er ihn nicht gleich wieder aus seinem Irrtum reißen. „Ja, mit mir ist's bergab gegangen, weiß Gott“, sagte er.

„Du hättest eben nie deinen Abschied vom Regiment nehmen sollen“, sagte der Gutsherr. „Das war der ganze Fehler. Aber jetzt kommst du natürlich mit zu mir nach Hause?“

Aber mit in den Herrenhof zu kommen und dort als alter Regimentskamerad des Besitzers empfangen zu werden, das war nicht so recht nach dem Geschmack des Mausefallenhändlers. „Aber nein, aber nein“, sagte er und sah gewaltig erschrocken drein. „Das keinesfalls –“

Als der andere sah, dass er sich so zierte, begann er hellauf zu lachen. „Du darfst nicht glauben, dass es bei mir daheim so hochherrlich zugeht, dass du dich da nicht zeigen kannst“, sagte er. „Elisabeth ist tot, das hast du vielleicht gehört, die Jungens sind im Ausland, und so hausen nur ich und meine älteste Tochter auf dem Herrenhof. Wir haben uns gerade darüber beklagt, dass wir an den Feiertagen so ganz allein sein werden. Komm jetzt, dann wird wenigstens den Weihnachtsspeisen mehr Ehre angetan werden!“

Aber der Fremde blieb bei seinem Nein, Nein, Nein und als der Gutsherr in ihn drang, schien er drauf und dran, die Flucht ergreifen zu wollen. Da sah der Gutsherr, dass da nichts zu machen war: „Mir scheint, Rittmeister von Stahle will heute Nacht lieber bei dir bleiben, Stjärnström, als zu mir kommen“, sagte er zum Schmiedemeister, „da musst du ihm schon Nachtlogis geben.“ Damit ging er, leise lachend, seiner Wege und die Schmiede, die ihn gut kannten, wussten wohl, dass er noch nicht sein letztes Wort gesprochen hatte. Es dauerte auch nicht mehr als eine halbe Stunde, als sie das Rollen von Wagenrädern hörten und ein neuer Gast zur Tür hereinkam. Der Hüttenherr hatte seine Tochter geschickt, offenbar in der Erwartung, dass ihre Überredungskunst größer sein würde.

Sie kam herein, von einem Bedienten gefolgt, der einen großen Herrenpelz trug. Sie war durchaus nicht schön zu nennen, sie sah unansehnlich und scheu aus und ihr Blick war ernst und schwermütig. Der Fremde hatte sich auf dem Boden ausgestreckt, einen Eisenklumpen unter dem Kopf, den Hut über dem Gesicht. Sowie die Gutsbesitzertochter ihn erblickt hatte, ging sie auf ihn zu und hob den Hut. Der Mann war wohl einer von jenen, die es gewohnt sind, nur mit einem Auge zu schlafen. Er war augenblicklich wach und stand sofort vor ihr.

„Ich heiße Edla Willmanson“, sagte das junge Mädchen. „Mein Vater sagte, dass der Herr Rittmeister heute Nacht hier in der Schmiede schlafen will. Da bat ich ihn, herfahren und den Herrn Rittmeister mit zu uns nach Hause bringen zu dürfen. Es tut mir so leid, dass der Herr Rittmeister es so schwer hat. Mein Vater sagte, dass der Herr Rittmeister das Regiment wegen Gewissensskrupeln verlassen hat." Sie heftete ihren tiefen Blick mit mitleidiger Bewunderung auf ihn. Und der zerlumpte Kerl dachte bei sich selbst, dass, wenn die feinen Herrschaften sich so viel Mühe machten, damit er zu ihnen käme, es wohl undankbar von ihm wäre, sich weiter zu spreizen. Es konnte ja ganz schön sein, einmal im Leben in einem Herrschaftsbett zu schlafen. „Das hätte ich mir aber doch nie gedacht, dass das gnädige Fräulein selbst sich die Mühe machen wird, meiner wegen bei der Nacht in die Schmiede zu kommen", sagte er, „ja, dann geh ich halt doch mit." Damit nahm er den Pelz, den ihm der Bediente mit einer tiefen Verbeugung reichte, warf ihn über seine Lumpen und ohne den erstaunten Männern in der Schmiede auch nur einen Blick zu gönnen, ging er an der Seite des jungen Mädchens zum Wagen hinaus.

Der nächste Tag war der Heilige Abend. Als Hüttenherr Willmanson zum Frühstück in den Speisesaal kam, dachte er mit erwartungsvoller Freude an den alten Regimentskameraden, der ihm so recht gelegen und passend in den Weg gekommen war. „Jetzt soll er sich zuerst ordentlich bei uns satt essen", sagte er zu seiner Tochter, die irgendetwas auf dem Speisetisch ordnete, „dann will ich schon dafür sorgen, dass er eine bessere Beschäftigung findet, als im Lande herumzuziehen und Mausefallen zu verkaufen."

„Es ist doch merkwürdig, wie rasch es mit ihm bergab gegangen ist", sagte die Tochter. „Gestern erinnerte aber auch gar nichts an ihm daran, dass er ein gebildeter Mann ist."

„Warte nur, mein Kind", sagte der Vater. „Wenn er nur erst ordentlich herausgeputzt ist, wirst du schon anders sprechen. Gestern war er befangen, verstehst du? Die Vagabundenmanieren fallen mit den Vagabundenkleidern."

Gerade als der Hausherr dies sagte, ging die Tür auf und der ehemalige Mausefallenhändler kam herein. Ja, das war sicher. Herausgeputzt war er. Der Bediente hatte ihm die Haare geschnitten, ihn rasiert und gebadet, er war so rein, dass er förmlich blinkte. Außerdem trug er ganze Schuhe und Strümpfe, ein weißes Hemd mit einem gestärkten Kragen und einen hübschen Sakkoanzug, den der Gutsherr von Ramsjö ihm geliehen hatte. Aber obgleich er so fein herausstaffiert war, schien der Hausherr nicht recht zufrieden. Er betrachtete seinen Gast mit zusammengezogenen Augenbrauen; denn man muss bedenken, als er den fremden Mann in dem flackernden Feuerschein der Schmiede erblickte, hatte er ihn freilich leicht verwechseln können, aber nun er ihn reingewaschen und rasiert bei vollem Tageslicht vor sich sah, gab es keine Möglichkeit mehr, ihn für einen alten Bekannten zu halten. „Was soll das heißen?", brüllte er ihn an. Der andere machte keinen Versuch, sich zu verstellen. Er begriff, dass die Herrlichkeit jetzt ein Ende hatte. „Ja, gnädiger Herr, da kann ich nix dafür", sagte er. „Ich hab mich nie für was anderes ausgegeben als für einen armen Kesselflicker, und ich hab gebeten und gebettelt, dass man mich in der Schmiede lassen soll.

Und es ist ja weiter kein Unglück passiert, ich zieh halt meine alten Lumpen wieder an und mach mich auf den Weg."

„Nun ja", sagte der Hüttenherr etwas gedehnt, „aber ein ehrliches Vorgehen war das doch nicht, das musst du doch einsehen. Und vielleicht hätte der Dorfrichter auch noch ein Wörtchen in die Sache dreinzureden." Der Landstreicher kam nun einige Schritte näher heran und schlug mit der Faust auf eine Stuhllehne. „Ich werde dem gnädigen Herrn einmal sagen, wie die Geschichte ist", sagte er. „Die ganze Welt ist nix anderes als eine große Mausefalle. All das Gute, was man einem gibt, das sind nur so Speckschwarten und Käsebrocken, hingelegt, um einen armen Teufel ins Verderben zu bringen. Und wenn jetzt der Dorfrichter kommen und mich auch noch ins Loch sperren soll, dann soll der gnädige Herr lieber dran denken: Es kann ein Tag kommen, wo er selber Lust auf so ein schönes Speckstück kriegt und sich in der großen Mausefalle fängt."

Der Gutsherr lachte. „Weißt du was, du Schlingel? Das war gar nicht so übel gesagt. Wir wollen den Dorfrichter am Weihnachtsabend vielleicht lieber in Ruhe lassen. Aber schau jetzt, dass du weiterkommst!" Doch jetzt ergriff die junge Gutsbesitzertochter das Wort: „Ich finde, er sollte heute bei uns bleiben", sagte sie. „Ich will nicht, dass er geht." Und damit trat sie vor und stellte sich dem Landstreicher in den Weg. „Was um Himmels willen fällt dir ein?", fragte der Vater.

„Ich denke an diesen Wandersmann", sagte das junge Mädchen. „Er geht und geht das ganze liebe Jahr und sicher gibt es auf der ganzen Erde kein Fleckchen, das er sein nennen, keinen Ort, an dem er willkommen ist und in Frieden ruhen kann. Gehetzt und vertrieben wird er wohl überall, wo er hinkommt. Immer hat er Angst, eingefangen und seiner Freiheit beraubt zu werden. Ich wünschte, er fände doch hier bei uns einen Tag des Friedens. Einen einzigen im ganzen Jahr."

Gutsbesitzer Willmanson murmelte etwas in seinen Bart. Er konnte sich nicht recht aufraffen, der Tochter entgegenzutreten. „Es mag ja sein, dass das Ganze ein Irrtum war", sagte das junge Mädchen, „aber jedenfalls finde ich, wir können den nicht fortweisen, den wir zu uns gebeten und dem wir eine Weihnachtsfreude versprochen haben."

„Du predigst ja ärger als ein Pfaff", sagte der Gutsherr. „Nun ja, ich will nur hoffen, dass du das, was du tust, nicht zu bereuen hast." Da nahm die Gutsbesitzertochter den fremden Mann bei der Hand und führte ihn zum Esstisch. „Setz dich nun nieder und iss mit uns", sagte sie; denn sie merkte ja, dass der Widerstand des Vaters gebrochen war. Der Mausefallenhändler hatte die ganze Zeit über kein Wort gesagt und auch jetzt verhielt er sich still. Aber er sah das junge Mädchen, das sich so für ihn eingesetzt hatte, nur immer an. Was sie für ihn getan hatte, war etwas so Wunderbares, dass es ihn ganz verstummen ließ. Dann verging dieser Weihnachtsabend auf Ramsjö ungefähr ebenso wie alle anderen Weihnachtsabende. Man hatte nicht viel Mühe mit dem fremden Gast, denn er tat

eigentlich nichts anderes als schlafen. Den Vormittag lag er auf dem Sofa des Fremdenzimmers und schlief in einer Tour. Um die Mittagszeit wurde er geweckt, damit er von all den Weihnachtsspeisen mitessen konnte, aber dann schlief er weiter. Es war, als hätte er seit Jahr und Tag keinen guten und erquickenden Schlummer gefunden.
Am Nachmittag, als der Christbaum angezündet wurde, weckte man ihn abermals, und da stand er nun ein Weilchen und sah blinzelnd in die Weihnachtskerzen, und als die Weihnachtspolka gespielt wurde, tanzte er eine Runde herum. Aber die Augen fielen ihm dabei zu und er verschwand wiederum. Einige Stunden später wurde er noch einmal gestört. Er sollte in den Speisesaal herunterkommen und Fisch und Grütze mit ihnen essen. Doch kaum war man vom Tisch aufgestanden, ging er von einem zum andern, gab die Hand und sagte Danke und Gute Nacht.
Als er zu dem jungen Mädchen kam, sagte sie ihm, ihr Vater wünsche, dass er die Kleider, die er anhatte, als Weihnachtsgeschenk betrachte. Er brauchte sie nicht zurückzugeben. Und wenn er am nächsten Weihnachtsabend in ein Haus kommen wollte, wo er sich in Frieden ausruhen und sicher sein konnte, dass ihm nichts Böses widerfuhr, so möge er zu ihnen kommen. Der Mann erwiderte nichts darauf. Er sah die Gutsbesitzertochter nur mit derselben unermesslichen Verwunderung und Bestürzung an.
Am nächsten Morgen standen der Hüttenherr Willmanson und seine Tochter schon in aller Frühe auf, um zur Weihnachtsmette zu fahren. Ihr Gast schlief noch immer und man ließ ihn schlafen. Als sie gegen zehn Uhr zurückkamen, ließ das junge Mädchen den Kopf noch tiefer hängen als gewöhnlich. Sie hatte in der Kirche gehört, dass einer der früheren Tagelöhner des Gutes von einem Kerl bestohlen worden war, der herumging und Mausefallen verkaufte.
„Ja, das ist ja ein netter Geselle, den du da ins Haus gebracht hast", sagte der Vater. „Ich möchte wissen, wie viele silberne Löffel jetzt noch in unserem Büfett liegen." Kaum war der Wagen vor der Freitreppe stehen geblieben, als der Gutsherr sich beeilte, den Bedienten zu fragen, ob der Fremde noch im Haus sei. Der Bediente erwiderte, der Mann sei schon fort; er habe aber ein kleines Päckchen zurückgelassen, das das gnädige Fräulein die Güte haben möge, einem alten Mann zu senden, der einmal Tagelöhner auf dem Gut gewesen war und jetzt auf der anderen Seite des Waldes an der großen Landstraße lebte. „Er bat, das gnädige Fräulein sollte das Päckchen zuerst öffnen."
Das junge Mädchen riss den Umschlag auf und stieß einen kleinen Freudenschrei aus. Sie hatte eine kleine Mausefalle gefunden, in der drei zusammengerollte Zehnkronenscheine lagen. „Da siehst du, Papa", sagte sie. „Er ist allerdings in die Falle geraten, aber diesmal ist es ihm doch gelungen, wieder herauszukrabbeln." ★

Register

Autoren

Lisa Nieschlag ist Designerin, Kochbuch-Autorin und Food-Fotografin.

Mit ihren fotografischen Inszenierungen macht sie zahlreichen Lesern Appetit auf mehr. Erst recht, wenn sie dann als Stylistin alles noch so geschmackvoll in Szene setzt. Die Küche ist Lisas kreativer und kulinarischer Kosmos.

Zusammen mit Julia Cawley betreibt Lisa den beliebten Food-Blog „Liz & Jewels."

www.lizandjewels.com

Lars Wentrup ist ein Allrounder: Designer, Illustrator, Feinschmecker und Testesser. Und er liebt Bücher.

Angespornt durch das kreative Foodstyling und die eindrucksvollen Bildwelten schafft Lars die perfekte Plattform und bringt den – in jeder Hinsicht – guten Geschmack zu Papier.

Seit 2001 führt Lars gemeinsam mit Lisa eine Agentur für Kommunikationsdesign in Münster.

www.nieschlag-und-wentrup.de

… für die großartige Unterstützung:
Verena Poppen
Susan und Ebo
Selma, Lotta und Henning
Tina Ballerstaedt
Nora Franzmeier
Knut und Jens
Laura Jakubka
Jürgen Freund
Frank

… an das beste Team:
Hölker Verlag

… für das kulinarische Feingespür:
Christin Geweke

… an unsere Kooperationspartner:
Textpoterie
Rina Silak

Impressum

5 4 3 23 22 21 20 19
ISBN 978-3-88117-210-3

Hafenweg 30, 48155 Münster, Germany

www.hoelker-verlag.de

Autoren: Lisa Nieschlag und Lars Wentrup

Rezeptentwicklung: Christin Geweke

Gestaltung und Satz:
Nieschlag + Wentrup, Büro für Gestaltung
www.nieschlag-und-wentrup.de

Fotos: Lisa Nieschlag

Weitere Fotos:
Lars Wentrup (Seite 1, 131)
Adobe Stock (Seite 6), Shutterstock (Seite 167)

Illustrationen: Lars Wentrup

Redaktion: Franziska Grünewald

Lektorat: Judith Pfeiffer-Ley

Litho: FSM Premedia, Münster